ÍNDICE

TRATA DE MUJERES
En el corazón de Europa, idas y venidas entre los Balcanes y España

ALAIN TARRIUS

Con la colaboración de Lamia Missaoui
y Dominique Sistach

Prólogo de Natalia Massé

FUNDACIÓ
apip-acam
Servei de Publicacions

ℏ *hacer*
EDITORIAL

Colección: Textos de Política Social
Comité de dirección: Demetrio Casado, Montse Font y Cristina Rimbau

Título original: *Trafics de femmes*
Autor del texto: Alain Tarrius
Primera edición en francés: 2022, Éditions de l'Aube
© Editions de l'Aube, 2022 http://www.editionsdelaube.fr

Primera edición en castellano: junio de 2024
© Laura Baena por la traducción del francés al castellano
© 2024, Servicio de Publicaciones de la Fundación apip-acam
        Director: Josep Ricou
        C/ Paloma, 21-23
        08001 Barcelona
        Telf: 93 317 16 14
        hacer@fundacioapipacam.org
        www.fundacioapipacam.org/editorial-hacer.html

Corrección: Sílvia González
Maquetación: Alfons Gràcia
Impresión: Romanyà Valls

ISBN: 978-84-96913-82-0
Depósito legal: B 13655-2024

PEFC
PEFC/14-44-03
Origen Sostenible

Esta edición se encuentra en el catálogo del DILVE
El Servei de Publicacions de la Fundació apip-acam es socia del Gremi d'Editors de Catalunya

Este libro, finalizado en enero de 2022, es el resultado de un trabajo de investigación realizado de 2007 a 2013 y de 2015 a 2019.

INTRODUCCIÓN

En la comarca del Alto Ampurdán, la industria del sexo se ha convertido en una fuente importante de ingresos económicos, y resulta imprescindible para los operadores económicos de estos negocios, que deben recurrir a la explotación y a la trata de mujeres. Por ello, de la misma manera que han de seguir captando consumidores, demandantes de sexo de pago a los que hay que fidelizar, y atraerlos a las fiestas de los clubes de la comarca, es necesario mantener contactos con proxenetas, tratantes y mamitas, que abastezcan de mercancía los espacios prostitucionales.

Esta zona se enmarca en un contexto transfronterizo entre Cataluña y Francia. La supresión de las fronteras, a partir del Tratado de Schengen, provocó un impacto directo en la situación laboral de la población local. A partir de ese momento, se tuvo que repensar otro modelo económico para superar la crisis. Desde el Ayuntamiento de La Junquera se planteó la creación de dos polígonos: en uno, se instaló un *truck center* para atender a los transportistas, con talleres, tiendas y áreas de descanso, y en el otro, un gran centro comercial y hotelero. Paralelamente a estas iniciativas municipales se instalaron negocios más lucrativos: el negocio basado en la explotación sexual de miles de mujeres y niñas en los clubes y aparcamientos de toda la demarcación.

Durante el periodo que analiza Alain Tarrius en este libro, y concretamente en el año 2007, con la entrada de Rumanía y Bulgaria en la Unión Europea y la libre circulación de sus ciudadanos, el negocio de la prostitución lo encontramos a través de la N-II, en el municipio de La Junquera, y en los términos municipales próximos a esta carretera que enlaza con Francia. Los clubes más destacados son Paradise, Love, Madams y Lady Dallas. Del mismo modo, existen numerosos pisos particulares a disposición de este negocio en los municipios próximos.

El profesor Tarrius nos ilustra sobre cómo los movimientos migratorios, definidos por el poder adquisitivo de los migrantes, llevan a las mafias no solo a organizarse en torno a la explotación de los cuerpos de mujeres rumanas y búlgaras, sino a establecer una lógica comercial del *poor to poor*, también basada en la prostitución y la feminización de la pobreza.

Del mismo modo nos habla sobre las implicaciones políticas del establecimiento de las rutas comerciales de mujeres y drogas entre el Pirineo occidental francés y el catalán, y hacia todo el levante español.

Su libro incomoda porque, a pesar de la relación innegable que existe entre el turismo, la migración, la mercantilización de la sexualidad de las mujeres más vulnerables y la política, no estamos acostumbrados a que se señale directamente. Según este sociólogo, «la ley del silencio de los gestores políticos de los territorios cruzados, la incapacidad de los analistas locales para superar la dialéctica entre "inmigrantes" y "sedentarios legítimos", invisibiliza la descomposición de los grupos sociales más frágiles atrapados en el nomadismo criminal».

La trata con finalidad de explotación sexual es la mayor forma de violencia contra mujeres y niñas. Tal y como se recoge en numerosas normativas nacionales e internacionales, constituye una violación de la dignidad humana y de la integridad física y psicológica de las personas explotadas. El fenómeno de la trata de seres humanos se encuentra atravesado por factores transnacionales, nacionales y locales. Al centrarnos en la escala local (el Alto Ampurdán) podemos observar cómo el contexto global y el local se retroalimentan mutuamente. Es ejemplo de ello el reclamo de la industria del sexo en la comarca, actuando como elemento facilitador de la captación. Este reclamo se manifiesta en los clubes que, según datos policiales, representa el 36 % del ejercicio de la prostitución de toda la provincia de Gerona. La evolución de este fenómeno alcanzó la máxima expresión en el año 2010 con la creación de un macroprostíbulo en La Junquera con ochenta habitaciones.

«Para las potenciales víctimas de trata de seres humanos con finalidad de explotación sexual estos clubes se presentan como entornos ideales, fruto del engaño de presentar el mundo de la prostitución como un entorno idealizado, en el que el ejercicio de la prostitución se enmascara con lujo, belleza, etc.»[1]

Una de las claves para la lucha contra la trata y la explotación sexual consiste en aportar pruebas a los proce-

---

1. «Estudi diagnòstic dels mecanismes utilitzats en l'atenció i protecció de les víctimes de tràfic d'éssers humans amb finalitat d'explotació sexual a l'Alt Empordà, amb la finalitat de realitzar propostes per generar espais de coneixement compartit i la posada en marxa d'un circuit de protecció per a les víctimes», Fundació apip-acam, 2021.

dimientos judiciales más allá de la sola declaración de las víctimas. La dificultad de encontrar estas pruebas provoca, en parte, la impunidad de estos criminales. Alain Tarrius, en estas páginas, nos describe parte del funcionamiento de los entramados criminales dedicados a la explotación de los cuerpos de las personas vulnerables con la necesaria implicación de los políticos locales. Enmarcar estos entramados es necesario para generar conocimiento sobre la realidad, encarcelar a los delincuentes y proteger a víctimas y supervivientes.

«... Tengo mucho frío y no puedo más. Te juro que le diré todo lo que sé, que me dé una paliza si quiere. Le he dicho esta mañana: "Pégame, pero mándame a casa". Sin embargo, me ha contestado que me apalearía y que igualmente me obligaría a trabajar llena de morados. Nunca podemos hacer lo que queremos.»[2]

Coincidiendo con nuestro trabajo en la Junquera, hemos considerado de especial interés el concepto del «área moral», una conjunción imprevista de mezclas de población nocturnas de droga y prostitución entre Perpiñán i Figueras, y que alcanza Sitges hacia el sur y Andorra hacia el oeste, en la que se genera una globalización por abajo, nocturna, clandestina y de usos ilícitos. Un territorio circulatorio donde se da el ascenso de lo clandestino a la vida cotidiana de blanqueo de dinero y favores por los circuitos mercantiles y bancarios, de rentistas, políticos, abogados y círculos criminales.

---

2. Extracto de una conversación de escucha policial. Anna Teixidor Colomer, «Dones en situació de pobresa, d'origen migrant i explotades sexualment. El control territorial a la zona fronterera (2000-2020)», Beca Montserrat Minobis, 2023.

Agradecer finalmente a estos investigadores, incansables e inclasificables, que han realizado una valiente investigación colectiva, su compromiso para evidenciar una de las mayores lacras de violencia contra la sociedad.

Natalia Massé Minchero,
socióloga y responsable del programa
Dones de la Fundació apip-acam
Barcelona, mayo de 2024

PREFACIO

Cuando la globalización desde abajo o «entre pobres» acoge a círculos criminales a lo largo de su ruta euromediterránea

En la década de 1980, argelinos procedentes de Francia[1] crean redes europeas para proveer a los grandes mercados clandestinos de Bruselas, Fráncfort, Estrasburgo, Lyon, Marsella, Turín y Barcelona. Abastecen a estos mercados, a precios ventajosos, con restos de serie de electrodomésticos alemanes, casetes de música plagiados en Polonia, piezas de automóviles falsificadas en las redes familiares descentralizadas piamontesas de la Fiat de Turín, etc.[2] Más tarde, en los años noventa del siglo xx, el estallido de una guerra civil en Argelia restringe la movilidad de los argelinos[3] expatriados, y una fuerte emigración marroquí —de más de un millón de personas entre 1991 y 2001— toma el relevo de estas redes con más flexibilidad, diversidad y ética comercial.

A partir de entonces, los «notarios informales», comerciantes marroquíes famosos por su honestidad, velan en las redes para que las transacciones se respeten «por la pa-

---

1. Son las mismas personas que fueron declaradas «desaparecidas», y que dejaron a sus hijos «moros, huérfanos de la República» (Ahmed Boubeker, 1982) para afirmar su ciudadanía.

2. Alain Tarrius, «L'entrée dans la ville: migrations maghrébines et recompositions des tissus urbains à Tunis et à Marseille», *Revue Européenne des Migrations Internationales,* vol. 3, núms. 1-2, 1987, pp. 131-148.

3. Al mismo tiempo, las leyes Pasqua de 1993 reducen la concesión de visados de entrada en Francia.

labra dada, por el honor». La prohibición de la venta de bienes sujetos a persecución penal, como drogas, armas, cambios paralelos de divisas, etc., está particularmente vigilada. Las infracciones aduaneras, sujetas a multas, requieren la intervención de notarios, colaboradores de las distintas autoridades locales, principalmente de las autoridades fronterizas, para que no den lugar a cargas adicionales.

En la década de 2000, las redes comerciales marroquíes altamente coordinadas y activas del Levante español, el sur de Francia e Italia se fusionan con las del sur de Europa del Este, sumándose a las circulaciones comerciales de afganos, sirios, turcos, georgianos, rusos y ucranianos para recorrer Bulgaria, Macedonia del Norte, Kosovo y Albania. Poblaciones *transmigrantes*,[4] en viajes de varios meses —el período de vigencia de un visado de turista—[5] es decir, nómadas, que no se instalan en ninguno de los países que cruzan. Se trata de grupos cosmopolitas que se abastecen de productos electrónicos, al margen de las regulaciones de la Organización Mundial del Comercio, fabricados en el sudeste asiático (SEA), fuera de la China continental, y transportados desde Hong Kong a través de los Emiratos del golfo Pérsico hasta distintos puertos del mar Negro. Se trata de un montaje logístico comercial deliberado por parte de funcionarios del SEA con sede en Dubái con vistas a crear una *globalización desde abajo* dirigida a los europeos pobres pero solventes para compras libres de

---

4. Ni e-migrantes ni in-migrantes, los trans-migrantes cruzan, durante sus viajes comerciales, los países por los que pasan sin establecerse nunca en ninguno de ellos, como los nómadas.

5. Generalmente, tres meses en el caso de un visado nacional y seis meses en el caso de un «visado Schengen».

impuestos y cuotas: en este caso, para productos de fabricantes de prestigio (Nikon, Sony, Olympus, etc.) ofrecidos al 40 o al 50 % de su valor en las redes oficiales.[6] Estas transacciones fueron denominadas *poor to poor* o «por los pobres, para los pobres», expresión que Alain Tarrius escuchó por primera vez durante las conversaciones que se relatan a continuación.

Un gerente de ventas del SEA en Dubái, con quien se relacionó durante los tres días que duró la conferencia de Damasco en 2004,[7] le confió, durante numerosas conversaciones:

[...] No estamos ciegos: los cientos de miles de dispositivos de «amplitud de gama» que exportamos a los Emiratos, legalmente sin posibles reexportaciones,[8] no están destinados a los habitantes locales ni a los turistas, quienes buscan productos de «gama alta» a precios ventajosos —por ejemplo, una *XXX* [marca japonesa] y sus objetivos por 600 euros, mientras que en Alemania se vende por 1.300 euros en grandes superficies. Y luego, si se dividen los productos importados por el número de residentes, cada uno debería tener quinientos televisores, otros tantos microordenadores, etc. [...] Todas estas buenas cámaras de gama baja, a 100 euros en los circuitos oficiales eu-

---

6. Por ejemplo, una Coolpix de Nikon, a 90 euros en Fnac, se vendía por alrededor de unos 40 euros nueva, pero sin seguro. La articulación entre la globalización de las grandes economías del SEA y la globalización de las economías clandestinas «entre pobres» es evidente. Esta aparecerá dieciséis años después, durante la reorganización de la logística en tiempos de confinamiento a causa de la pandemia del Covid-19.

7. «Mondialisation et régulation internationale: vers une nouvelle solidarité mondiale?», Embajada de Francia, Universidad de Damas, IFPO, 10-12 de diciembre de 2004. Alain Tarrius participó como ponente.

8. La precisión es importante: tras esta exclusividad, estos productos se benefician de una plena exención de impuestos (OMC).

ropeos y a 40 euros entregadas en el *poor to poor*, salen de nuevo del país sin declaración de reexportación, en avión hacia Bakú, en Azerbaiyán, y a los puertos del mar Negro, a través de pequeños aeropuertos costeros... Después están los iraníes, los georgianos, muchos afganos, kurdos, ucranianos y rusos que cruzan las fronteras cargados hasta los topes. Los buques de carga ucranianos que embarcan contenedores en Odesa a través de Samsun y Trebisonda y que después desembarcan en Varna o Burgas, al llegar los afganos y otros. [...] Incluso hay quienes lo hacen todo por vía terrestre, a través de Arabia Saudí y Siria: Irak se ha vuelto imposible [...]. Y todas las marcas se ven afectadas, de ahí el tsunami de dispositivos. Nunca podríamos organizar esa logística [...]. Los pobres los demandan en todas partes, por lo que es un gigantesco mercado global del mano a mano. [...] Suministramos al primer importador en «terminal», aproximadamente el 60 % —o incluso más— por debajo del precio, «reimportación de la zona euro». Y nos evitamos todas las preocupaciones de la distribución, cruces fronterizos, postventa [...]. Nosotros somos, para el funcionario, víctimas de un tráfico incontrolable [...]. Pero puedes comprender que ahora para nosotros el *poor to poor* es un mercado extraordinario. Cientos de millones de consumidores potenciales: *peer to peer*,[9] *poor to poor*, la misma historia. [...] A nosotros nos corresponde encontrar las conexiones adecuadas entre bancos e importadores para que pueda existir el comercio, me refiero a las líneas de crédito para los cuatro meses necesarios para la distribución en poblaciones pobres por parte de los migrantes, y hacer llegar a todas

---

9. *Poor to poor*: entre pobres, tanto vendedores como clientes; *peer to peer* implica el mismo conocimiento entre los comerciantes nómadas y sus homólogos sedentarios, los clientes informados a través de internet.

partes los mensajes sobre las cualidades de los últimos productos *poor*.

[...] Es imperativo, además, vender productos nuevos y por estrenar a los traficantes-comerciantes, cualesquiera que sean sus orígenes y destinos: les proporcionamos productos de gama baja altamente valorados por la prensa para el mercado de los pobres; los compradores tienen la sensación de participar «en la carrera» de la modernidad técnica. Y, sobre todo, de no estar comprando falsificaciones [...]. Para ellos, que hacen funcionar la economía de los pobres, no existen líderes de las redes comerciales como en el comercio «normal» [...]. Pedidos en los Emiratos, entregas en los aeropuertos del mar Negro o en Yeda. Operan de media durante tres o cuatro meses entre la entrega y el pago, y por eso tenemos que responder informalmente de los anticipos concedidos.[10] Informalmente, es decir, designamos importadores que jamás han cometido una falta y que negocian con los contrabandistas del *poor to poor*.

También deben velar por una difusión lo más amplia posible: para Europa, llegar hasta los confines de España [...]. Sin embargo, nada de pasar por las grandes ciudades con mercados de falsificaciones y numerosas tiendas oficiales. La ruta Oriente Medio/Balcanes no es por supuesto la única [...]. Para África, Yeda, durante la peregrinación, vende tanto como todos los Emiratos del golfo. [...] Hay ofertas en todas partes dirigidas a Europa o África. Y, evidentemente, el material básico que les proporcionamos debe ser impecable. Sobre todo, nada de dispositivos desechables. Los pobres no los quieren, son para los hi-

---

10. Un banco inglés muy conocido abre sistemáticamente sucursales en ciudades de Oriente Medio, consideradas punto de encuentro de transmigrantes.

> jos pequeños de los ricos: en cambio, nos ayudan mucho con la venta del material de alta gama en redes oficiales al visibilizar una marca. [...] Es el material de gama baja, entregado correctamente, el que empuja al de gama alta hasta las tiendas.

Redes cosmopolitas que unen, de Oriente Medio a Ucrania, transmigrantes o nómadas, de religiones y orígenes diferentes, se forman en Bulgaria para ventas *poor to poor* o «para los pobres por los pobres», a mitad de precio en el vasto «mercado de los pobres» del sur de Europa.[11] Evitando las grandes metrópolis —Estambul, Milán, Génova, Marsella o Barcelona—, a diferencia de sus predecesores argelinos de la década de 1980, los nuevos nómadas eligen las capitales del *territorio circulatorio transnacional*, apoyo a la movilidad en red y a la sociabilidad cosmopolita, entre ciudades de tamaño medio. A menudo fronterizas, estas ciudades se caracterizan por tener fuertes cosmopolitismos inmigratorios.

Aparecen otras rutas, de Turquía hacia el norte de Europa,[12] o incluso chinas, como la «de la seda»,[13] que no discutiremos aquí. Nuestro proyecto no pretende tanto considerar las economías clandestinas globalizadas como un reflejo de rivalidades comerciales, intercontinentales

---

11. Alain Tarrius y Lamia Missaoui, *La remontée des Sud; Afghans et Marocains en Europe méridionale*, La Tour d'Aigues, l'Aube, 2007.

12. Stéphane de Tapia, *Migrations et diasporas turques; circulation migratoire et continuité territoriale*, París, Maisonneuve et Larose/IFEA, 2006.

13. Emmanuel Ma Mung, «La diaspora chinoise et la création d'entreprises: réseaux migratoires et réseaux économiques en Europe du Sud», en Laurent Muller y Stéphane de Tapia, *La création d'entreprise par les immigrés; un dynamisme venu d'ailleurs*, París, L'Harmattan, 2005.

y oficiales, como conocer «desde dentro» una forma de transmigración clandestina inusual: cosmopolita de orígenes y religiones, basada en las sociabilidades inducidas por los vínculos de pobreza de los comerciantes móviles, así como de sus clientes sedentarios, a lo largo de un territorio circulatorio original. En efecto, aparte de los enfoques de los dos investigadores anteriormente citados, las organizaciones de investigación europeas dedican, en la década de 1990, sus programas sobre economías clandestinas a países y continentes en vías de desarrollo.[14] En este territorio circulatorio se forjan relaciones comerciales entre los pobres, por supuesto, pero también vínculos afectivos entre los de aquí y los nómadas. Legitimación compartida entre pasajeros y sedentarios, ambos próximos a la pobreza, son «de aquí y de allá»: en los Balcanes, la centenaria «ruta de los sultanes» ya ha asentado las mezclas y continuidades de creencias. En Bulgaria, los pomacos musulmanes, eslavos rubios de ojos azules, cuya apariencia no los distingue de sus compatriotas ortodoxos; en los Balcanes occidentales y hasta la Apulia italiana, caras grises con ojos y cabello oscuros, hablantes de albanés, musulmanes para algunos y católicos romanos u ortodoxos para otros. Los grupos cosmopolitas de nómadas o transmigrantes del comercio clandestino no les asustan en absoluto. De hecho, recientemente, la zona de habla albanesa ha acogido a los afganos que han venido a ayudar a los comba-

---

14. Observemos la valentía de Sylvie Bredeloup, después de Sophie Bava, que, desde principios de 1990, en el ORSTOM/IRD, introdujeron temas de investigación sobre las economías sumergidas transversales entre el África subsahariana y Europa. El cosmopolitismo comercial de Bredeloup y el activismo religioso de Bava, complementado por Sarah Demart (2013). Mehdi Aliua, Universidad Internacional de Rabat, identifica transmigraciones subsahelianas desde Marruecos a Europa (2007, 2015).

tientes kosovares en su guerra contra serbios yugoslavos. La estabilidad y la paz de este mosaico de pueblos, organizado durante la era otomana, se rompieron a lo largo del siglo xx.[15] Sin embargo, está en sintonía con la unidad cosmopolita de los nómadas, la misma que conocían en la época de los sultanes. En cuanto a ellos, los nómadas de la globalización desde abajo, la diversidad cosmopolita de sus grupos de ocho a diez miembros facilita la negociación de ventas con estos distintos interlocutores sedentarios. Por otro lado, facilita la contratación local y pasajera para trabajos agrícolas o de construcción: unos días aquí y allá que facilitan recursos para los viajes y, al mismo tiempo, mayor proximidad comercial. Los nuevos pasajes, en viajes generalmente trimestrales, arraigan, naturalizan, estos vínculos de reconocimiento mutuo.

Desde 2006, la mafia italiana de Apulia y Albania[16] y, más ampliamente, de los Balcanes Occidentales, la Sacra Corona Unita, gestiona, junto con el gobierno ruso-ucraniano del Dniéper, un flujo de jóvenes balcánicas hacia los clubes de prostitución legal[17] del Levante español, asociado a la 'Ndrangheta de Calabria para la droga.[18] Estas ma-

15. Jean-Arnault Dérens, *Balkans, la mosaïque brisée ; frontières, territoires et identités,* París, Cygne, 2008.

16. Leeremos el capítulo de Kolë Gjeloshaj Hysaj, «Crime organisé albanophone: consolidation et diversification», en Alain Tarrius (dir.); Lamia Missaoui y Fatima Qacha (col.), *Naissance d'un peuple européen nomade; la route cosmopolite de la mondialisation par le bas de la Turquie au Maroc par les Balkans et le Levant ibérique,* Canet-en-Roussillon, Trabucaire, 2020.

17. Véase Dominique Sistach, «L'institution de la prostitution de masse en Catalogne; les voies de la transmigration sexuelle», *Multitudes,* núm. 49, 2012, p. 89-99; Alain Tarrius y Lamia Missaoui, *La remontée des Sud,* 2007, *op. cit.*

18. Lamia Missaoui, *Les étrangers de l'intérieur; filières, trafics et xénophobie,* París, Payot, 2003.

fias emprenden las vías del *poor to poor*, de la globalización desde abajo. Sin embargo, bajo la vigilancia de notarios informales, se mantienen alejados del comercio con las redes del *poor to poor*.

Además, entre 1997 y 2004, varios miles de mujeres jóvenes, mujeres marroquíes, habían emigrado a España a través de clubes de prostitución andaluces.[19] Su rápida transferencia a puestos de trabajo españoles (agricultura, servicios, etc.) generó clubes que eran una especie de «puertas de entrada» y que rápidamente fueron limitados a «mataderos» andaluces, burdeles para trabajadores agrícolas inmigrantes marroquíes. Más tarde se desarrolló el racismo en las sociedades locales, lo que facilitó la inmigración de mujeres rumanas[20] y posteriormente eslavobalcánicas. Las poblaciones marroquíes, sobreexplotadas, fueron percibidas por los herederos del franquismo con poder local como peligrosas invasoras.

Estos movimientos de ida y vuelta a lo largo del Mediterráneo europeo han delimitado un *territorio transnacional* de circulaciones que ha modificado profundamente las relaciones locales. De la clásica oposición *poblaciones inmigrantes / poblaciones autóctonas*, gestionada por las autoridades políticas locales, el análisis de las relaciones intercomunitarias locales implica necesariamente la combinación de tres entidades: *autoridades políticas locales / inmigrantes sedentarios / transmigrantes*. De hecho, estos últimos han adquirido un papel importante entre los inmigrantes establecidos en las ciudades por las que pasan, que en 2019

19. Fátima Lahbabi y Pilar Rodríguez Martínez, *Migrantes y trabajadores del sexo*, Madrid, Del Blanco, 2005.

20. Swanie Potot, «La place des femmes dans les réseaux migrants roumains», *Revue Européenne des Migrations Internationales*, vol. 21, núm. 1, 2005.

ascendieron a doscientos mil en viajes parciales o totales desde el mar Negro hasta Andalucía por los Balcanes y el sur de Italia, en transacción con una decena de millones de inmigrantes en las mismas rutas. De aquí en adelante, estos inmigrantes asentados ven una mayor proximidad con sus homólogos transnacionales que con las sociedades promovidas por modelos de integración. En Francia, es el caso de Arlés y especialmente de Perpiñán (mapa 1). Este *territorio circulatorio* transnacional euromediterráneo,[21] ahora infiltrado por círculos criminales, es el que vamos a explorar en este trabajo siguiendo a las mujeres balcánicas que se dedican al trabajo sexual. Ida y vuelta.

Mapa 1. Territorios circulatorios del poor to poor

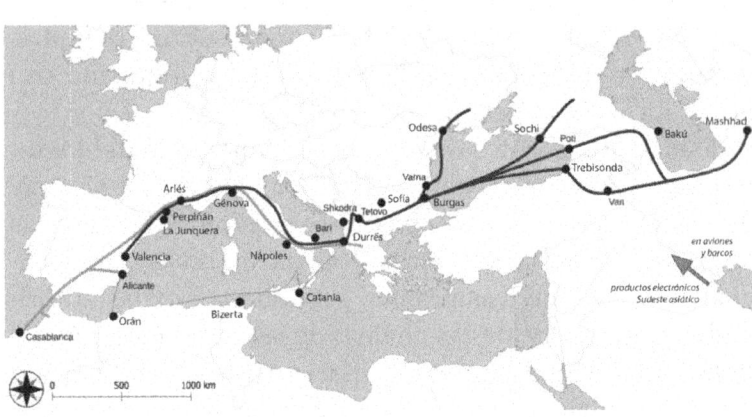

Por supuesto, el debate sobre la *inmoralidad* de las inversiones de las trabajadoras sexuales de los Balcanes que

21. Alain Tarrius y Lamia Missaoui, *Arabes de France dans l'économie mondiale souterraine,* La Tour d'Aigues, l'Aube, 1995; Lamia Missaoui y Marie-Antoinette Hily, «Migrants dans la ville», *Revue Européenne des Migrations Internationales,* Éditorial, vol. 18, núm. 3, 2002, pp. 7-8; Alain Tarrius (dir.), *Naissance d'un peuple européen nomade,* 2020, *op. cit.*

*Imagen 1. El sultán, como Noé, salva a la humanidad y se
prepara para tomar la ruta hacia el mar Negro
(finales del siglo XVIII, colección privada)*

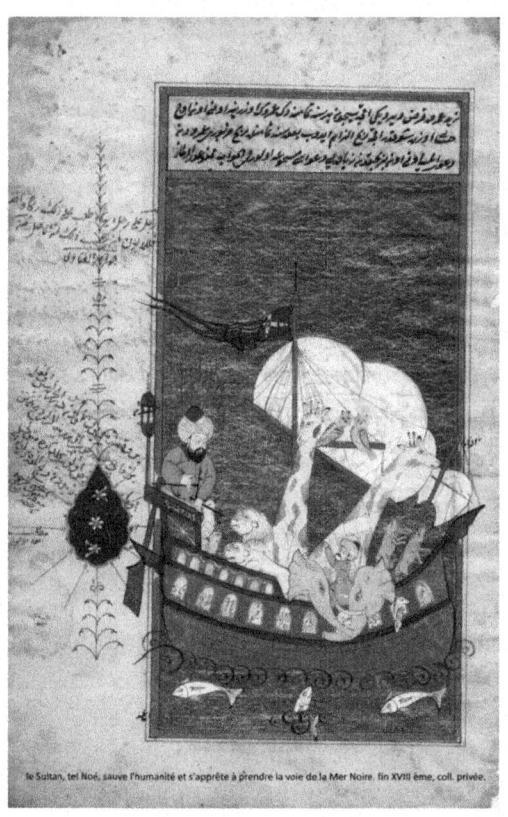

le Sultan, tel Noé, sauve l'humanité et s'apprête à prendre la voie de la Mer Noire. fin XVIII ème, coll. privée.

regresan de estancias en clubes de prostitución españoles
llamará nuestra atención. Este es incluso el objeto central de nuestros análisis. Pero los efectos de nuevas interacciones, breves e intensas, entre nómadas criminales y
poblaciones locales, que modifican el destino de los más
frágiles, no pueden escapar a nuestras observaciones ni a
nuestros análisis.

En las numerosas ciudades del «territorio circulatorio», desde Bulgaria hasta Andalucía, ya no es posible dar cuenta de la dinámica social urbana e ignorar la influencia de los transmigrantes del *poor to poor* y la circulación criminal. Así, la ley del silencio de los gestores políticos de los territorios cruzados, la incapacidad de los analistas locales para superar la dialéctica entre «inmigrantes» y «sedentarios legítimos», invisibiliza la descomposición de los grupos sociales más frágiles atrapados en el nomadismo criminal.

En particular, la intensificación de los cosmopolitismos entre inmigrantes asentados y transmigrantes o nómadas criminales atrae a sus redes a poblaciones de jóvenes fragilizados por el clientelismo político local, como veremos.

Transmigraciones de mujeres balcánicas para la prostitución en el Levante español

Este territorio circulatorio transnacional es el que acoge las migraciones femeninas para el trabajo sexual que a continuación detallaremos. Da cabida a las diversas trayectorias ilustradas aquí por **Archangella**, alias **Sardinella**, la albanesa, y sus tres compañeras de destino, **Magdalena**, la ucraniana, **Irina** y **Sofía**, las hermanas de Macedonia del Norte. De hecho, pudimos acompañar a estas cuatro transmigrantes, dedicadas al trabajo sexual, desde su último club de prostitución español hasta los lugares y actividades elegidos para su regreso «a casa». Se expondrán otras trayectorias, en la medida que hayamos sido capaces de abordar la diversidad de situaciones de salida de clubes.[22]

---

22. En la mayoría de los casos, se pudo contactar con estas personas a

Nuestra investigación[23] nos permitió evaluar los flujos en cuestión: de trece mil doscientas mujeres «movilizadas» cada año, desde 2006, para el trabajo sexual en torno al mar Negro, mil doscientas son «estafetas» rusas y ucranianas ocasionales y estacionales para los puertos de Varna, Estambul, Zonguldak, Samsun, Trebisonda y Sochi; otras mil doscientas se quedan permanentemente en uno de los muchos puertos del mar Negro después de unas pocas rotaciones en barcos turísticos; y dos mil acaban en los Emiratos, Líbano o Arabia Saudí.

Cada año, entre 2007 y 2011, en la ruta española, mil doscientas mujeres tomaron el «camino por libre», es decir, viajaron por sus propios medios; siete mil seiscientas, acompañadas de mafiosos, viajaron directamente hasta un club del Levante ibérico y, entre ellas, dos mil trescientas realizaron una «estancia de prácticas»[24] de algunas semanas en el sur de Italia, tuteladas por la Sacra Corona Unita, antes de incorporarse a un club ibérico. En total, de 2007 a 2018, cuarenta y siete mil mujeres procedentes de los Balcanes y de las orillas norte y este del mar Negro viajaron acompañadas hasta Albania por georgianos que actuaban para la mafia ruso-ucraniana del Dniéper, y más allá hasta La Junquera, por albaneses de la Sacra Corona Unita (SCU).

---

partir de información de transmigrantes que regresaban a los Balcanes con los que habían mantenido vínculos a través de internet gracias a la ONG Retours de Sardinella.

23. (2007-2013, 2015-2019) sobre las jóvenes balcánicas. Ciento veinte entrevistas en otros tantos clubes de prostitución españoles; véase más abajo «Reseña de las investigaciones y presentación de cuatro trabajadoras sexuales transmigrantes».

24. A las mujeres jóvenes elegidas para clubes de lujo, la «estancia de prácticas» «actualiza» la «oferta» y les enseña el uso de narcóticos para los clientes.

Las transmigraciones de estas trabajadoras sexuales siguen etapas que se presentan como áreas morales[25] o «espacios de moral» que mezclan poblaciones inmigrantes, comercio ilícito y tráfico mafioso.

Mapa 2. Las tres «áreas morales transfronterizas»

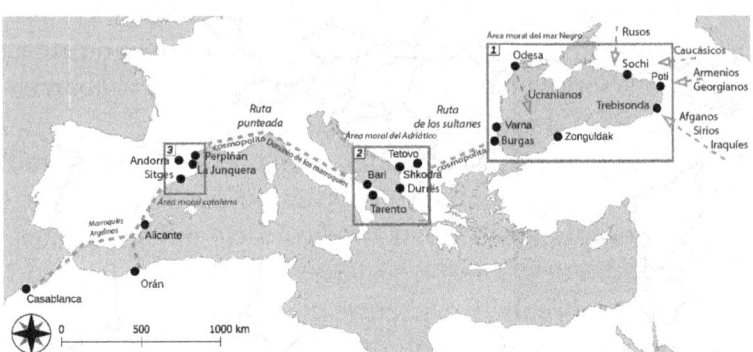

Área moral 1. En torno al mar Negro, la llamada mafia del Dniéper, que une a rusos y ucranianos, sea cual sea la degradación de las relaciones oficiales, controla la contratación de mujeres para la prostitución en Oriente Medio (Emiratos) y el Levante ibérico. La 'Ndrangheta de Calabria está presente en el tráfico de heroína hacia Occidente y de cocaína en la otra dirección. Después de numerosas

25. El «área moral» es un concepto propuesto por Robert Ezra Park en 1927 para describir las alternancias diurnas y nocturnas de los mismos barrios de Chicago. Principales características urbanas basadas en la alternancia entre el orden diurno funcional y las atracciones nocturnas de poblaciones indiferenciadas de la metrópolis, unidas por los deseos derogatorios (alcohol en tiempos de prohibición, juego, sexo, etc.). Los autores (Alain Tarrius, 2002) sugieren una reconstrucción de esta noción, incluyendo la movilidad nómada y los intercambios en las zonas fronterizas (mapa 2). Véase la explicación en el Anexo metodológico al final del libro.

rotaciones de puerto en puerto, las mujeres son desembarcadas en Bulgaria, Burgas y Varna. Todos los transmigrantes del *poor to poor*, que llegaron en agrupaciones étnicas, entran en contacto con otros grupos que no tienen conexión con los círculos criminales ucranianos o italianos. A lo largo del territorio circulatorio mediterráneo del norte, lo que diferenciará los desplazamientos criminales (mujeres para el trabajo sexual o drogas) de los delictivos (ventas libres de impuestos).

Área moral 2. El paso entre los Balcanes e Italia, desde Durrës a Pescara, Bari, Brindisi y Tarento, está históricamente controlado por la 'Ndrangheta de Calabria para la droga, y especialmente por la Sacra Corona Unita de Apulia —cuyas familias originales cuentan con tantos italianos de Apulia como hablantes albaneses de Macedonia del Norte, Kosovo, el sudeste de Serbia, el este de Montenegro y Albania— para la trata de mujeres y el tráfico de armas. El SCU, considerado en Italia una mafia «menor», mantiene el poder de su inserción histórica en las zonas de habla albanesa y, por tanto, el control de la circulación transadriática.

Área moral 3. La primera conquista de este trío de formaciones criminales fue precisamente la de la tercera «área moral transfronteriza catalana franco-española», de Perpiñán-Andorra-Sitges, centralizada en La Junquera y que incluye Badalona, al este de Barcelona. Este es el espacio transfronterizo del que la Camorra napolitana, proveedora habitual de droga y mujeres, fue expulsada. Matones georgianos y albaneses del nuevo consorcio criminal se instalaron en antros de vigilancia y casi la mitad de ellos fueron contratados como personal de manteni-miento por los principales clubes de prostitución del Levante ibérico.[26]

— Ruta punteada: de gueto urbano magrebí, o, mejor dicho, cosmopolita, a gueto urbano.
— Ruta de los sultanes: de un espacio musulmán a otro, hasta finales del siglo xix bajo la autoridad otomana. Actualmente, bajo influencia búlgara, y, por otro lado, albanesa desde Tetovo hasta Durrës (zonas de habla albanesa). Este camino ofrece una casi continuidad de poblaciones musulmanas.[27]

Durante la travesía del Adriático, la Sacra Corona Unita y sus secuaces albaneses asumen el acompañamiento de las mujeres hacia el Levante español, mientras que la 'Ndrangheta, mafia calabresa ya establecida en Europa, Grecia y Oriente Medio para el tráfico de heroína, toma el relevo de la droga en el Dniéper. Esta unión de las tres poderosas mafias expulsará, primero en el espacio transfronterizo catalán franco-español, a la Camorra napolitana de sus «terrenos tradicionales» de tráfico.[28]

---

26. No es que los españoles fueran incompetentes para el mantenimiento de los locales, sino que la vigilancia mostrada durante el acompañamiento de las jóvenes de los Balcanes era siempre necesaria en caso de conflicto con los «usuarios» de los clubes de prostitución. Pasamontañas, guantes de hierro y puños americanos siempre iban sujetos a los cinturones, a menudo junto a una porra, eléctrica o no.

27. Jean-Arnault Dérens, *Balkans, la mosaïque brisée*, 2008, *op. cit.*

28. La Cosa Nostra siciliana conservará la exclusividad del tráfico de drogas con el Magreb, mediante un acuerdo con la 'Ndrangheta.

Reseña de las investigaciones y presentación de cuatro trabajadoras sexuales transmigrantes

Tras una invitación para pronunciar el discurso de apertura del XIX Congreso de las Policías Democráticas Españolas en Barcelona, en julio de 2006, Alain Tarrius inició su investigación (2007-2013, 2015-2019), con la ayuda de siete comisarios territoriales[29] del Levante ibérico presentes en esos intercambios. En cada club, le permitieron hablar con entre cuatro y siete prostitutas originarias de los Balcanes. Se seleccionó el relato de una sola mujer por club de los ciento veinte clubes escogidos entre los doscientos setenta que se encontraban en el Levante ibérico, desde La Junquera —entrada mediterránea de España— hasta Almería —frontera con Andalucía— y Lérida, a las puertas de Aragón. Así, tras esas primeras entrevistas en cada club, elegía a una de ellas para tener una conversación más profunda. Los criterios de selección fueron obviamente el país de origen, el nivel de estudios adquirido, el proyecto de retorno de la inversión, las futuras etapas previstas, la proximidad, e incluso la presencia de apoyo familiar. Su gran interés por los clubes del Ampurdán— comarca fronteriza que incluye La Junquera y la Costa Brava— es evidente, ya que, de los ciento veinte clubes seleccionados, treinta y tres entrevistas se realizaron en esta zona. Dentro de la tercera área moral transnacional (mapa 2),

---

29. Policías federales vinculados a la Audiencia de Madrid; a modo de prefectos, ejercen, entre otras funciones, la supervisión de los clubes de prostitución. La investigación no habría sido posible sin su apoyo. Se eligieron ciento veinte clubes entre los doscientos setenta y tres presentes en la «Gran Cataluña», desde la frontera catalana franco-española hasta la zona preandaluza, desde Alicante hasta Murcia, y, finalmente, hasta Lérida, a las puertas de Aragón.

esta zona limita con la Cataluña francesa en el departamento de los Pirineos Orientales.

Estas investigaciones le permitieron, entre otras cosas, acercarse a una «red Skype» llamada ONG Retours (gráfico 1, p. 85), que, en agosto de 2021, contaba con seiscientas siete mujeres balcánicas. Ello fue posible gracias a una albanesa, Sardinella-Archangella, que había vuelto a Shkodra después de seis años en clubes ibéricos. Esta red cuenta actualmente entre sus miembros con cuatrocientas sesenta y siete mujeres que ejercen diversas actividades comerciales tras el regreso «a su país». Todas han transitado por el área moral transfronteriza que va de Perpiñán a Andorra y Sitges, con La Junquera como punto central. Por tanto, esta red cuenta con mujeres balcánicas que han regresado a casa después de haber trabajado entre cinco y siete años en clubes ibéricos levantinos, mujeres que siguen actualmente en clubes, otras que fueron trasladadas a establecimientos alemanes, belgas y neerlandeses, y finalmente las que se quedaron en España, casadas, empleadas, etc. También tiene ciento sesenta y siete camioneros internacionales independientes de empresas búlgaras y rumanas,[30] contratados por empresas de Europa occidental. Y, por último, algunos artesanos-transportistas con furgoneta, que trabajan directamente para empresas italianas o españolas, en condiciones «al límite» de lo legal.

Durante nuestra investigación de 2013, pudimos estimar en diez mil ochocientas ochenta el número de mujeres originarias de los Balcanes y del Cáucaso que trabajaban en doscientos setenta clubes de prostitución, que repre-

---

30. Jens Thoemmes, *Vers la fin du temps de travail?*, París, Presses Universitaires de France, 2000.

sentan aproximadamente el 45 % del total de la plantilla laboral.

En 2019 estimamos en cuarenta y siete mil el flujo de las mujeres balcánicas entre abril de 2007 y diciembre de 2018, de las cuales diecisiete mil habían regresado «a su país» después de 2013, es decir, después de cinco o seis años de trabajo, o incluso siete (tabla 1).

Estas son, en primer lugar, las transmigraciones de prostitución que seguiremos paso a paso a lo largo del territorio circulatorio, entrelazadas con las redes mafiosas y el tráfico ilegal transnacional. La trayectoria de **Sardinella-Archangella** ilustra el regreso a su país para invertir sus ganancias en un negocio familiar,[31] después de seis años de moverse por clubes de prostitución levantinos españoles. **Magdalena** es ucraniana y originaria de un pequeño pueblo entre Kiev y Odesa. Sus padres son empleados municipales, activistas contra la influencia rusa, y ella es la mayor de las cuatro hijas: tenía 18 años en el momento en que se fue. **Irina y Sofía** son las dos hijas de una pareja de agricultores de Macedonia del Norte, cerca de la frontera

---

31. Entrevistas en España, mientras todas estas jóvenes trabajaban en clubes de prostitución. Elegí sus observaciones entre las de las mujeres que se encontraban en ciento veinte clubes de prostitución y las quince «tipológicamente representativas», por su facilidad para detallar las situaciones clave de sus transmigraciones, y para realizar análisis precisos... en su propio lenguaje. Mis escritos, por tanto, no consisten en transcribir sus palabras en un metalenguaje sociológico, sino en extraer elementos apropiados para mi demostración. Observaciones traducidas a un castellano sencillo para Magdalena, Irina y Sofía, e italiano literario para Sardinella: esta última es objeto de un seguimiento desde 2013 hasta hoy, incluida su salida de los clubes de prostitución españoles, su regreso a Albania, su implicación en proyectos de desarrollo económico y, gracias a la ONG Retours que dirige, de seguimiento y asistencia a la salida, y también a las instalaciones, de mujeres balcánicas en clubes de prostitución levantinos ibéricos.

búlgara, ortodoxos practicantes vinculados al Patriarcado de Sofía. Con 17 y 16 años, respectivamente, estuvieron en el mar Negro y, dos años después, se produjo la transmigración prostitucional de ambas hasta España. Por último, pero no menos importante, **Archangella**, alias **Sardinella**, hija de agricultores católicos del norte de Albania, partió a los 17 años hacia Italia para unirse a una congregación religiosa. Su único hermano mayor permaneció cerca de Shkodra, donde creó una empresa artesanal de secado, ahumado y venta de pescado capturado en el canal que conecta el lago Shkodra (o «de Podgorica», según la denominación montenegrina) con el Adriático.[32] Finalmente, **Dana**, rumana, hija menor de una familia de marineros de Constanza, puerto de Bucarest en el mar Negro. La voz de estas mujeres suele ser inaudible: nosotros hemos optado por escucharlas y transcribir sus palabras, en lugar de hablar por ellas.

Investigación 2007-2013: Reorganización de los entornos criminales, trata de mujeres y tráfico de droga

El texto del historiador Raymond Sala, «Femmes esclaves à la fin du Moyen Âge» [Mujeres esclavas al final de la Edad Media],[33] ofrece una notable introducción a la actual trata de «esclavas» hacia el Levante ibérico, a través de la puerta de entrada de Le Perthus - La Junquera. En el siglo xv existían los mismos conceptos comerciales, los mismos

---

32. En realidad, una actividad similar en otra región. Propusimos dichas reubicaciones a petición de nuestras interlocutoras.

33. Capítulo 3 del libro de Raymond Sala, Alain Tarrius y Joan Becat, *Un millénaire de cosmopolitismes féminins à Perpignan et à ses frontières; des Saintes aux Prostituées,* París, L'Harmattan, 2021.

procesos de «emancipación» y, en ocasiones, los mismos orígenes e itinerarios de circulación. Solo que hoy los valores de intercambio entre mujeres y mercancías ya no se llaman «pimienta» o «azafrán», y mucho menos «sábanas de Perpiñán», sino heroína y cocaína, y sus acompañantes son «mafias italo-ruso-ucranianas» y no «marineros mercantes»...[34] Las tres áreas morales transfronterizas (mapa 2), zonas de acción mafiosa, se eligen («área 1»), se integran en el espacio Schengen («área 2») y se difunden («área 3») por los pasos fronterizos, el tráfico criminal francés y sus contextos financieros. Incluso en tiempos de confinamiento.

Nuestros campos de investigación desde la década de 1980, por parte de Alain Tarrius, y desde 1995, por parte de Lamia Missaoui, se centran en las nuevas migraciones de Europa. La originalidad de estos inmigrantes, presentados en el prefacio, conscientes de la negación de hospitalidad de la que son objeto, reside en su negativa a integrarse en nuestras «sociedades de la abundancia» para cruzarlas, hacer paradas y vender mercancías diversas: el nomadismo contemporáneo. Regresan a casa con la sensación de ser dueños de sus movimientos, antes de emprender nuevos viajes varios meses después. En el camino, mientras atraviesan varias naciones, socavan los fundamentos de la identidad ciudadana según la cual el extranjero, el otro que se encuentra en nuestro territorio, tiene la vocación y el interés de unirse a nosotros, de *integrar* nuestra moral y nuestras costumbres, o bien de partir sin mucha demora. El otro, para nuestras instituciones, es un emigrante de múltiples *otras partes*, y emi-

---

34. Cambio de paradigma: transición del mercantilismo medieval al capitalismo global comercial y ultraliberal contemporáneo.

gra aquí, a nuestra tierra: deja un mundo para unirse a otro por una ruta legalmente marcada. Dentro/fuera, *in/out*. Un esquema obsoleto, ya que cada vez más «otros», extranjeros, transmigran, cruzan nuestros territorios para sus negocios, sobrepasan los de los nómadas, los de nuestras fronteras, políticas y legalidad. Y, año tras año, estos transmigrantes, estos nómadas transfronterizos, toman un lugar, delimitan nuevos territorios transnacionales, por ejemplo, de Albania a España y de Turquía a Albania, para luego reunirse en un vasto territorio circulatorio euromediterráneo (mapa 1). La multiplicación de las relaciones entre los nómadas, entre ellos y sus clientes sedentarios, delimita este *territorio circulatorio* original que va más allá de las normas administrativas y jurídicas de cada Estado atravesado.

¿Movilización internacional de la fuerza laboral? Sí, pero en la nueva modalidad de *movilidad transnacional*, de elección de caminos, de control de los propios «negocios ambulantes», y el regreso a casa, después de unos meses durante los cuales se ha establecido una sucesión de relaciones transnacionales. Las mujeres de las naciones balcánicas y caucásicas que bordean el mar Negro, empleadas en gran número por los clubes de prostitución del Levante español, participan en estas nuevas sociabilidades transnacionales. En sus etapas de regreso, con varios cientos de camioneros que las transportan, contribuyen a este universo relacional original del territorio circulatorio. Muy a menudo, los camioneros cargan mercancías del *poor to poor* en el viaje de ida. Se logra así una unidad logística entre varios tipos de transmigrantes.

Es el fin de la sedentarización obsesiva en las sociedades extranjeras, en los «hábitats sociales» que a menudo se han convertido en guetos. Las experiencias de los extranjeros transmigrantes se denominan «nuevos cosmopolitismos de ruta»[35] porque la copresencia durante el viaje requiere la cooperación entre los pobres, independientemente de su género, origen, religión o edad. Estas características cosmopolitas las distinguen en gran medida de las transmigraciones europeas monoidentitarias chinas y turcas.

En estas páginas seguiremos a miles de mujeres que viajan por Europa para ejercer el trabajo sexual: temidas en las sociedades de asentamiento, por los delitos y el desorden que su llegada conlleva. La distribución de droga y las ganancias financieras inesperadas que esta implica, inseparables de esta transmigración prostitucional desde el mar Negro, sacuden a las sociedades locales, instaladas en una gran pobreza y *que a menudo están dirigidas por ejecutivos políticos clientelistas*. En Francia, este es el caso de los Pirineos Orientales, de la Cataluña Norte. Durante más de un siglo, los burgueses rentistas de este departamento han obtenido sus ingresos de las rentas de las actividades dominantes.[36] Solo ven en estas mujeres una nueva oportunidad de lucro. Las acciones de los ejecutivos políticos locales, que gestionan la gran pobreza existente a través del clientelismo generalizado, y las de los «capos» de la

---

35. Alain Tarrius, Lamia Missaoui, David Sempere y Oriol Romaní, «Apparition des comptoirs, et des réseaux souterrains marchands, marocains le long du Levant Ibérique», Informe de investigación DG12 Europe (5º PCRD), 2000; Lauren Copeland, Agata Grzelczak y Pathmanesan Sanmugeswaran, «Cosmopolitanism, migration, and transnationalism: an interview with Nina Glick Schiller», *A Journal of Social Theory*, vol. 25, art. 17, 2016.

36. Henry Solans, *Essai sur l'économie des Pyrénées-Orientales*, Perpiñán, Le Publicateur, 1993.

mafia ruso-italiana, importadores de mujeres y droga, interactúan para peor. Sin siquiera exigir vínculos directos, o, mejor dicho, ignorándolos: los discursos de unos ocultan completamente la realidad de los otros. La investigación sobre los adolescentes de los Pirineos Orientales «captados» por las organizaciones de prostitución españolas nos revelará más adelante, en otro capítulo, algunas de las modalidades de estas interacciones.

El Chicago de los años treinta, del que hablaremos porque inspiró una brillante escuela de sociología urbana, la Escuela de Chicago, experimentó tensiones parecidas. Y es gracias a su influencia, a una atención metodológica constante, que nosotros, los investigadores, hemos podido mantenernos alejados de estos protagonistas de las nuevas convergencias mafiosas, las organizaciones criminales italo-albanesas de Calabria y Apulia, la 'Ndrangheta, la Sacra Corona Unita y la mafia ruso-ucraniana del Dniéper, y de la presión de los ejecutivos políticos locales.

«La sociología es un deporte de combate»: esta es la opinión de Pierre Bourdieu, que hemos podido verificar a lo largo de esta investigación, especialmente cuando se ha tratado de eliminar las mentiras, omisiones y prohibiciones de los clientelistas elegidos, que dominaban a los ejecutivos locales, y de sus intermediarios administrativos y políticos. Estamos lejos del mito de una sociología distante y supuestamente neutral: qué impostura.[37]

El recorrido de nuestra investigación, nación tras nación, ciudad tras ciudad y pueblo tras pueblo, desde Turquía y el mar Negro hasta Andalucía, nos ha permitido

---

37. Leeremos, al final del libro, la evaluación de la investigación del programa SMS, realizada por Adrien Doron para el laboratorio LISST-CNRS-EHESS.

comprender la unidad cosmopolita de los *transmigrantes* o *nómadas*, y sus vínculos con los sedentarios. Y también comprender mejor su elección de capitales discretas, evitando las metrópolis y sus vastos mercados clandestinos, «abismos» de bienes y circulación.

Las alianzas originales entre círculos criminales y la logística del *poor to poor*

En los años 2006-2007 se produjo un acontecimiento importante en los territorios de circulación de las redes euromediterráneas de globalización desde abajo (mapa 1). En una reunión en Dubái, los primeros ministros francés y británico, Nicolas Sarkozy y James Gordon Brown, prohibieron a los bancos internacionales financiar las importaciones del SEA por parte de los Emiratos del Golfo que estuvieran fuera de la trazabilidad de la OMC. Eso significó secar la principal fuente de capital para comprar, libres de impuestos y cuotas, los bienes distribuidos por esta *globalización desde abajo* o *entre pobres*. Esta valiente decisión tuvo un «efecto perverso»: precipitó a los transmigrantes a una dependencia financiera de las mafias que organizaban, en las mismas rutas desde los Balcanes al Levante español, la trata de mujeres y el tráfico de droga. Los círculos criminales vieron en ello una oportunidad para blanquear los ingresos de ese tráfico en todo el territorio de circulación. Los transmigrantes obtuvieron así una nueva reducción de los costes de las mercancías, del orden del 20 al 30 %: los reembolsos recibían «una fuga» de ese calibre. Las mercancías del SEA, ya revendidas a mitad de precio, eludiendo las normas de la OMC en los Emiratos circulaban, por lo tanto, a menos del 70 u 80 %

en comparación con los precios de venta de los importadores europeos durante las recargas portuarias de camino a Durrës, La Spezia, dos puertos secundarios franceses, Valencia...

Un «notario informal»[38] nos informó en el puerto de La Spezia:

> Una operación beneficiosa para todos. El único problema es mantener alejadas de nuestra moral comercial[39] a las tropas mafiosas que, desde entonces, controlan nuestra circulación. Blanquear el dinero de los mafiosos sí, pero ayudarles a vender con su tráfico, no. Estamos y debemos permanecer cercanos a nuestros corresponsales sedentarios, pero nunca confundirnos con nuestros financiadores. Cruzamos ciudades y naciones gracias a nuestra habilidad para pasar desapercibidos, a nuestra fusión con los pobres, a nuestros intercambios directos, sin pasar por los mercados, ni siquiera clandestinos. Ellos, los mafiosos, lo hacen mediante la violencia y la corrupción, y alianzas con los poderes. Compran a los ricos y a los políticos. Somos pobres y libres, y vendemos a nuestros hermanos pobres productos con los que sueñan sin poder tocarlos y mantenemos a nuestras familias en el país al que rápidamente regresamos. [...] En los Balcanes viajamos por «la ruta de los sultanes» cristianos romanos y ortodoxos del Este, musulmanes, chiitas y sunitas y gente sin religión. Aprendemos a fundar grupos de comer-

---

38. Este «notario informal» es un comerciante marroquí que ha practicado la venta de transmigración con una excelente reputación. Se instaló en una ciudad del territorio circulatorio tras casarse en Génova con una italiana. Supervisa la «ética mercantil» de los transmigrantes entre Niza y La Spezia. Interlocutores: transmigrantes, policía, aduanas, etc.

39. Se trata de la ética de la palabra dada que prevalece en cada transacción que supervisan los «notarios informales».

ciantes que mezclan todos estos orígenes; somos «pobres de identidad»; condición para que vendamos a todos los pobres [...], y nuestros proveedores, las grandes empresas asiáticas, a través de Hong Kong, no quieren, pero para nada, que compitamos con los vendedores oficiales, o sea que nada de detenerse en las grandes ciudades. Y entonces estamos listos para abordar, después de Albania, los países occidentales vía Bari y Brindisi, la «ruta punteada» de gueto en gueto de extranjeros, en su mayoría magrebíes, y siempre pobres. Lo importante para recargar mercancías es pasar por los puertos de Durrës, La Spezia, luego dos puertos franceses[40] y finalmente Valencia y Cartagena.

Hasta 2006, la Camorra napolitana organizaba la trata de mujeres y el tráfico de psicotrópicos del mismo origen en el arco mediterráneo occidental, desde la Campaña italiana hasta Andalucía, pasando por las costas mediterráneas italiana, francesa y española. Desde 2007, la alianza de la mafia ruso-ucraniana conocida como «del Dniéper», junto con la italiana y albanesa de Apulia, la Sacra Corona Unita, y la italiana de Calabria, la 'Ndrangheta, para regular la trata de mujeres y el tráfico de psicotrópicos, luchó contra la Camorra. Además de los territorios originales, los Balcanes y el sur de Italia, uno de los primeros conquistados fue Cataluña y la Comunidad Valenciana en su mayor extensión, desde Perpiñán al norte, hasta Lérida al oeste y Alicante al sur.

---

40. La investigación socioantropológica, que apunta al conocimiento estructural e íntimo de una formación social, se diferencia de la investigación policial, que actúa desde un código de «normalidad jurídica». Se han eliminado ciertos contactos provenientes del estudio de campo que refuerzan una «lectura policial» de los informes, se han modificado los nombres de nuestros interlocutores y se han trasladado los lugares.

Su presencia la marcan los «matones» georgianos y albaneses, empleados generalmente en clubes de prostitución,[41] en la apertura de antros de «vigilancia» en las localidades vecinas... y en la puesta en marcha de nuevos procedimientos de distribución desde «puticlubs» de los psicotrópicos «principales», la heroína y la cocaína.[42] La distribución de psicotrópicos «químicos» se deja para las redes preexistentes, desde los suburbios del este de Barcelona, que los entregan directamente a los distribuidores «históricos» locales. La decisión de acercarse a colegios, escuelas de secundaria y centros de formación en química fue el resultado de esta nueva restricción a los psicotrópicos principales.

La oportunidad de entrar en una investigación: acceso al terreno

La colaboración de la red de ONG Retours nos permite interactuar con todos los actores de esta transmigración desde los Balcanes a España y sus viajes de regreso. Ya sea con las mujeres asentadas en los Balcanes tras su regreso después de haber ejercido durante un tiempo la prostitución en España, con las que tienen una trayectoria de trabajadoras sexuales en países permisivos del norte de Europa, con las que se han quedado en España tras casarse o conseguir un empleo, o con los camioneros independientes

---

41. Dominique Sistach (2012) designa «puticlubs», según la expresión popular, que recuperamos con gusto.

42. Para la heroína, de los mismos orígenes que la de la Camorra, desde Afganistán hasta Turquía, más la georgiana y la más reciente del cultivo de la adormidera de las repúblicas rusas caucásicas. Para la cocaína, según nuestras investigaciones, procedente de Marruecos, de origen latinoamericano, nigeriano y angoleño, y que sigue la red de prostitución Brasil-Portugal-Madrid.

que facilitan la logística de todos estos desplazamientos. En nuestras investigaciones no pudimos acceder al gran número de personas «perdidas de vista» y de mujeres que seguían con sus carreras en redes africanas o de Oriente Medio. Pese a ello, nos encontramos con algunas de las «perdidas de vista», pero no pudimos establecer ninguna base de representatividad.

Todas las personas con las que hemos contactado han experimentado ascensos sociales paradójicos tras sus transmigraciones prostitucionales: a través de la red, están en constante relación con decenas de mujeres que necesitan asesoramiento para planificar la salida de los clubes españoles. El acceso a esta red le permite a Alain Tarrius obtener testimonios relevantes. La única precaución que tomaron los responsables fue la siguiente: la llamada inicial solo podía realizarse desde Shkodra, en Albania, en presencia de Sardinella-Archangella. Ella es quien pone en contacto a las distintas protagonistas.

Algunas cifras

A 35 kilómetros de Perpiñán, en Le Perthus - La Junquera, la primera ciudad española tras la frontera, otros viajeros transnacionales han ocupado su lugar: los inevitables mercenarios de los círculos criminales internacionales, georgianos y albaneses en primer lugar, son los llamados marcadores, que acompañan a cientos de mujeres de los Balcanes para la prostitución tolerada, sin descuidar el flujo de drogas ilegales.

En concreto, junto con Katia Vladimirova, de la Universidad Estatal de Sofía, seguimos a un contingente de mujeres balcánicas que en 2007 estaban en tránsito por Bulga-

Tabla 1. Seguimiento de una cohorte de mujeres del mar Negro
desde 2007 y durante ocho años

2007	2008	2009-2011	2014	2015
Reclutamiento en el Mar Negro 10.000	Se quedan en el mar Negro 10.000			
	Hacia Emiratos 1.500	Arabia Saudí Líbano Jordania 2.000	*Regresos desconocidos*	Se quedan Italia 200
	Sur de Italia 4.700		Regresos Balcanes 100	
	Hacia España 4.500	Directo Levante español 1.000 (= 5.500)	Salidas Levante esp. Alemania Bélgica Países Bajos	Por carretera Fr. 2.50 por año avión 200
(Total Levante esp. en 2013 10.880)		«Perdidas de vista» 1.250	Regreso Balcanes 320	Se quedan en Esp. 3.480

Véanse explicaciones, pp. 44-46.

ria. El seguimiento se llevó a cabo hasta que partieron, en 2013-2014.

Esta larga investigación nos permitió identificar los principales métodos de reclutamiento, formación y acompañamiento de mujeres originarias de los Balcanes y el Cáucaso. Para ellas, las estancias de varios meses en los puertos del mar Negro, Odesa, Sochi, Poti, Trebisonda y Varna crean las condiciones de una transmigración no étnica, sino cosmopolita, como la de los transmigrantes de la globalización desde abajo, que cuentan entre sus primeros clientes, antes de llegar a los puticlubs españoles.[43] Los desplazamientos al Levante español incluyen a menudo una escala en Italia, donde aprenden a dominar su futuro doble papel de prostituta y «camello del cuarto de dosis de cocaína al cliente». Algunas viajan durante varios meses, antes de ser acompañadas en la etapa final; otras, durante dos o tres semanas, escoltadas por el traficante desde la salida del mar Negro, y, finalmente, están las seleccionadas en los círculos de prostitución de los Balcanes, que viajan escoltadas en avión hasta los clubes españoles. Estos acompañantes son casi exclusivamente georgianos, sobre todo abjasios, es decir, musulmanes muy cercanos a los rusos. Para las jóvenes reclutadas en los puertos, principalmente en el puerto ruso de Sochi, vecino de la frontera norte de Abjasia, y que van a trabajar a los Emiratos del Golfo, el viaje en barco o en avión es directo. Las reclutan mientras trabajan en los numerosos cruceros populares ucranianos, rusos, turcos y rumanos que surcan este mar de puerto en puerto: empleadas de temporada o estudiantes en prácticas, comienzan a prostituirse en los barcos o en las escalas portuarias, son presa fácil de los nuevos socios de las mafias «democratizadas», de los marineros de alta mar o de muelle, de los taxistas...

En los puertos mencionados los georgianos, abjasios u osetios son todavía los que venden las drogas dominantes: opio, morfina y especialmente heroína, a unos 12 euros el gramo por la afgana de calidad, o a unos 9 euros, en 2007, por la turca o georgiana procedente de los cultivos de

---

43. Alain Tarrius, Fatima Qacha y Lamia Missaoui, *Transmigrants et nouveaux étrangers; hospitalités croisées entre jeunes des quartiers enclavés et nouveaux migrants internationaux*, Toulouse, Presses universitaires du Midi, 2013.

adormidera recientemente implantados de forma ilegal. La cocaína, en cambio, alcanza en estos mercados valores que la hacen inasequible.

En nuestro reciente estudio de campo sobre migraciones, hemos investigado el caso de las prostitutas que abandonan los clubes del Levante español pasando por Francia durante dos o tres trimestres y se dirigen hacia el norte de Europa. Hemos observado, en las áreas de las autopistas o en carreteras secundarias, la presencia de «protectores» caucásicos ocasionales que proporcionan drogas a estas mujeres. En resumen, estos nacionales, especialmente georgianos, que tienen prohibido desde 2007 entrar en Bulgaria, donde desarrollaban negocios de «vigilancia» en actividades criminales, aparecen en todas las carreteras y etapas de actividades ilegales «gestionadas» por círculos criminales ruso-italianos. Los georgianos, y más recientemente los albaneses, se exportan como «secuaces polivalentes» en el momento de la globalización criminal iniciada en la zona euromediterránea a través de alianzas entre la 'Ndrangheta calabresa, la Sacra Corona Unita de Apulia y Albania, la ruso-georgiana del Dniéper y finalmente la alianza turco-balcánica, asociaciones que eliminan la influencia de la Camorra napolitana, limitada a la cuenca mediterránea occidental.

En 2010, de cada diez mil mujeres «movilizadas» cada año para el trabajo sexual en torno al mar Negro (tabla 1), mil son «estafetas» ocasionales y estacionales rusas y ucranianas para los puertos de Varna, Estambul, Samsun, Trebisonda y Sochi. Otras mil permanecen en uno de los muchos puertos del mar Negro después de algunas rotaciones, y tres mil quinientas se marchan a los Emiratos, al Líbano, a Jordania y a Arabia Saudí.

En la «ruta española», principal destino de las transmigrantes, dos mil quinientas toman el «camino alternativo», es decir, organizan sus desplazamientos en varias semanas o meses; mil se dirigen a un club del Levante español, supervisado sobre todo por los georgianos, después de estarse algunos días en el sur de Italia; dos mil realizan una estancia de varias semanas en la misma región y luego son confiadas a los clubes españoles, acompañadas de albaneses, georgianos o, a veces, serbios musulmanes asociados con kosovares de habla albanesa y residentes cerca de las «tres fronteras»: Serbia, Montenegro y Kosovo. Su estancia en España dura entre cuatro y seis años. Las etapas italianas, de uno o dos meses, facilitan el aprendizaje de la doble mercantilización del cuerpo y de la diversidad de estupefacientes. En este contexto, una breve parada de unos días afecta a aquellas que ya han adquirido estos conocimientos comerciales en los puertos del mar Negro.

Cuatrocientas cincuenta mujeres, de las cinco mil quinientas que llegaron al Levante español, transmigran anualmente hacia las naciones permisivas del norte de Europa; trescientas cincuenta, de las cuales doscientas van acompañadas de familiares, regresan a casa después de esta última estancia de entre cinco y siete años. Generalmente, llegan tres o cuatro meses después que la trabajadora del puticlub; se trata de pequeños grupos de dos a cuatro personas, amigos cercanos o parientes de la prostituta, a menudo del mismo pueblo o barrio de origen, que las acompañan en sus desplazamientos de club en club. Viven en los pueblos vecinos, trabajan en el cuidado de niños o de personas mayores, en el comercio o la restauración, y proporcionan a la mujer que acompañan la tutela de los protectores georgianos o albaneses fuera del club. Ofrecen a su protegida un entorno de vida familiar y, sobre todo, significan la perspectiva de un regreso al país de origen, a menudo acompañado de un proyecto económico conjunto de adquisición de una empresa, una granja, etc.

En 2012, según nuestras investigaciones,[44] ocho clubes de La Junquera, uno de los cuales estaba íntegramente dedicado a espacios exteriores, empleaban a ciento dos mujeres en el interior, ciento setenta y una en las carreteras, y cuarenta y siete en las zonas de aparcamiento de los tres mil setecientos camiones que paraban diariamente durante al menos cuatro horas en *el área de servicio internacional* de este cruce de carreteras europeo: el buen funcionamiento de este «dispositivo de prostitución especializada» con actividad ininterrumpida estaba asegurado por los propios «protectores». La salida, cada año, de muchas trabajadoras sexuales hacia las naciones permisivas nórdicas, por las carreteras y autopistas francesas, aparentemente no afecta al departamento de los Pirineos Orientales, ya que ellas no paran en dicha región. Sin embargo, la aparición de un vivero de prostitución de chicos y chicas jóvenes en Perpiñán contribuye a la lógica de la territorialización transfronteriza del dispositivo de La Junquera y de su réplica gay de la localidad costera de Sitges, al sur de Barcelona (mapa 2). En cambio, las prostitutas de las zonas de aparcamiento de La Junquera visitan a menudo las localidades

44. Alain Tarrius y Olivier Bernet, *Mondialisation criminelle : la frontière franco-espagnole de La Junquera à Perpignan. Rapport de recherche*, Saint-Denis, Édilivre, 2014.

costeras del Rosellón: allí, fuera de la temporada turística, se les alquilan apartamentos (investigación de octubre de 2018 a abril de 2019: se computaron por lo menos sesenta y dos apartamentos). Sin estar expuestas en la calle, les conciertan citas a través de sitios web locales. Invisibilización del fenómeno, sin ningún vínculo con las numerosas actividades de prostitución del entorno de Perpiñán.

En La Junquera, en la frontera franco-española mediterránea, nos encontramos con los acompañantes albaneses y georgianos en el Paradise, un «puticlub piloto», autoproclamado «el mayor establecimiento de prostitución de Europa» entre otros ocho puticlubs más antiguos, así como entre otros establecimientos recientes más al sur. Aquí se transforman en vigilantes de aparcamiento o en barrenderos, listos para intervenir inmediatamente en caso de pelea, comportamiento peligroso de clientes, burgueses rentistas de las zonas fronterizas o jóvenes achispados. Por otra parte, su control de las redes de narcotráfico ha cobrado importancia y los circuitos clásicos marselleses activos hasta Barcelona se han visto transformados por la nueva distribución asumida por estos barrenderos de aparcamiento que, con sombreros y gafas oscuras, no dudan en violentar a cierto distribuidor local, incendiar su cafetería-restaurante o su puesto de pizzas. Con la consiguiente obligación de cambiar de red de proveedores... de la misma mercancía.

Así es como Perpiñán, la primera ciudad y el primer departamento que abandonó en 2013 las redes de Marsella-Barcelona gestionadas por la Camorra napolitana, ocupa desde entonces un punto central de distribución de los principales psicotrópicos en Francia.[45]

---

45. Con clientes atraídos por precios ventajosos (los proveedores georgianos) de la heroína, pero también de la cocaína importada en España,

La prostitución «legal», declarada al fisco, produce sumas que contribuyen al blanqueo: por lo tanto, es interesante «declarar unas existencias» mucho mayores que las reales; los impuestos adicionales, unos 220 millones de euros para todo el Levante, representan menos de la mitad de la «fuga» adjunta al blanqueo de dinero proveniente de la venta de droga y son compensados por las inversiones de los burgueses rentistas... que «solamente» cuestan 38 millones de euros de intereses al año. Por extrapolación de los cuarenta y tres clubes estudiados durante nuestra investigación, con aproximadamente mil trescientas mujeres balcánicas, caucásicas y de otros orígenes, los doscientos setenta y dos clubes contabilizados en total en Cataluña, las zonas valenciana, alicantina y mediterránea andaluza, alojan a diez mil ochocientas ochenta prostitutas, que dan lugar a una declaración de blanqueo de 1.200 millones de euros, y las inversiones «burguesas» permiten rozar los 1.400 millones de euros. Quedan alrededor de 300 millones de euros de la cifra teórica de 1.700 millones de euros de blanqueo. Estos corresponden, además de al pago de los impuestos extra, a los descuentos concedidos en los intercambios de heroína/cocaína. Todos los socios salen ganando, excepto las mujeres, obviamente. Los burgueses rentistas de la Cataluña del Norte blanquean, por su parte, el dinero de la droga, conscientes o no de que sus «inversiones» en los puticlubs contribuyen directamente al tráfico de psicotrópicos.

Año tras año, estos capitales se desvían de las inver-

---

con trabajadores y trabajadoras sexuales de América Latina, a precios bajos (ruta Portugal-Madrid o Casablanca-Andalucía). Los canjes son tan ventajosos para las mafias ruso-italianas como para sus homólogos latinoamericanos.

siones locales hacia unas pocas actividades legales, lo que acentúa la pobreza. Así lo cuenta una familia de Perpiñán que retiró sus inversiones del sector vitivinícola en la década de 1980, para ubicarlas en la creación de almacenes para una zona de actividad, Saint-Charles, y redirigirlas a través de La Junquera hacia los puticlubs de Cataluña. El desempleo y la pobreza aumentan en los distritos de Perpiñán, a medida que estos puticlubs y sus inversiones prosperan en el sector inmobiliario turístico. La «crisis» de este sector, proclamada en España, es una bendición para el apetito de los círculos mafiosos, satisfechos con las múltiples oportunidades de blanqueo y pacientes para las reventas.

Escuchemos a estas mujeres describir partes de su viaje de prostitución.

Verbatim. El mar Negro, matriz de transmigraciones de mujeres de los Balcanes y el Cáucaso hacia España y las naciones del norte de Europa: las mujeres jóvenes hablan

Los relatos de las cinco jóvenes presentadas anteriormente, muy representativos de trayectorias típicas hacia el Levante ibérico, ilustrarán los análisis que siguen. **Magdalena**, ucraniana; **Irina** y **Sofía**, de Macedonia del Norte; **Sardinella**, albanesa, y **Dana**, rumana.

El descubrimiento de la alteridad: primeras jerarquías profesionales y primeras transmigraciones lejanas

Magdalena, dos entrevistas

Dieciocho años, mis diplomas profesionales en Mantenimiento de Comunidades en el bolsillo y sin trabajo. [...] En una ocasión, en el mes de mayo, hice la temporada en un barco turístico ruso que circula entre mayo y octubre desde Odesa a Sochi, en Rusia; Trebisonda, en Turquía, muy cerca de Georgia; Zonguldak, cerca de Estambul; Varna, en Bulgaria, y a veces Constanza, en Rumanía [...]. Las etapas duraban siete días en hoteles medios y dos días en los pequeños puertos intermedios; el personal se alojaba a bordo. [...] Había mujeres de todo el mar Negro y era evidente que se prostituían en los puertos de escala, con clientes de cruceros, pero también con hombres del puerto, marineros y turistas. [...] Durante las largas escalas, iba a comer con ellas y venían marineros de los cargueros atracados, y también contrabandistas de material del Golfo, kurdos, iraníes y sobre todo afganos [...]. Todos nos mezclábamos y nos hacíamos amigos, cristianos y musulmanes, árabes, turcos, húngaros, polacos, georgianos y otros; éramos un mundo aparte: la gente de los puertos y del mar Negro. Al principio sentía que me ahogaba, pero rápidamente entendí que eso era la verdadera libertad, y para comunicarnos, hablábamos todos los idiomas al mismo tiempo, con una base de inglés [pidgin[46] de *broken english*]. [...] Empecé a trabajar en la escala de Trebisonda, como las otras chicas que había visto hacerlo en Sochi y Sujumi, que también trabajan en barcos turísticos por unos salarios de miseria. [...] A medida que avanzan los cruceros, las chicas más espabiladas se marchan hacia el Golfo o hacia Europa Occidental, a burdeles de lujo; otras se quedan en un puerto con un hombre que les gusta o para trabajar allí en cualquier cosa que les pueda surgir. [...] ¿Cómo podría haber regresado a casa? Y, además, la sociología no es mi trabajo, pero puedo decirte que, en todos esos puertos del mar Negro, existen formas de vida comunes. Un arte de vivir de la gente de ese mar. Los lugares de los puertos, las olas, los vientos y las construcciones son los mismos, allí donde se habla eslavo, turco o rumano, donde se frecuentan las iglesias, las mezquitas o las sinagogas. Es como si en todas las tierras que han rociado las salpicaduras del mismo mar se formara una comunidad de vida o algo así.

---

46. Lenguaje compuesto, sobre una base inglesa, que permite un entendimiento relativo entre los habitantes de Oriente Medio y los europeos. Los interesados dicen: «brokens», lenguas «rotas».

Puertos del «área moral» del mar Negro y ruta de los sultanes

Irina (y Sofía)

Se volvió serio cuando Sofía y yo hicimos la estancia de prácticas de tres meses en el carguero mixto que hacía Burgas-Trebisonda [...]. Estábamos en la misma escuela, en la misma clase. [...] Habíamos empezado a subir a algún turista de vez en cuando a nuestra habitación; el trabajo del servicio nocturno en el restaurante solo nos reportaba 60 euros al mes a cada una, y eso es lo que le cobrábamos a un turista por una noche. [...] En el carguero había muchos árabes que traficaban para regresar a Europa cargados de mercancías, como cuero, productos electrónicos, etc. [...]. Enseguida simpatizamos y empezamos a reunirnos con ellos cada cuatro días y, durante dos días, en el puerto de Trebisonda: la zona, en la que están los marineros de todas partes y los traficantes de drogas y maquinaria, se encuentra en la ciudad baja del puerto comercial, no en el puerto de los rusos para el comercio de artículos de plástico ni en el puerto pesquero; el puerto y las calles de su alrededor, restaurantes, hoteles de mala muerte abarrotados de putas, y en medio el hotel XXX de lujo, con rusos ricos y turistas más ricos todavía de los Emiratos. [...] Dejamos de ser tontas, de buscar turistas ricos; aprendimos a ir con todos porque todos eran amables en el puerto y en los barcos. Aprendimos a hablar con cualquiera [...]. Estábamos deseando que llegaran los dos días en Trebisonda, donde ganábamos cada vez más a medida que conocíamos gente. [...] Cuando regresamos a Sofía, una vez terminadas las prácticas, nuestro casero nos ofreció un apartamento con acceso directo a la calle y se comprometió a buscarnos «una salida para España»: ¿Cómo lo supo?

Estos relatos sobre el paso por «los territorios marítimos» del mar Negro fueron habituales entre nuestras ciento veinte interlocutoras; son ilustraciones acordes con las descripciones del área moral urbana del Chicago nocturno realizada por Robert Ezra Park: encuentros excepcionales a la organización de los intercambios diurnos, donde se mezclan, a partir de desplazamientos constantes, poblaciones a menudo muy diferenciadas y que contribuyen a las transformaciones colectivas del orden urbano. Pero, mientras los socioantropólogos de la Escuela de Chicago hicieron de la metrópolis el lugar donde convergía la gente, aquí nos encontramos ante un «área moral» de una extensión completamente distinta, capaz de atraer a grandes poblaciones de migrantes, entre otros, sesenta mil baluchíes afganos e iraníes,[47] otros tantos polacos y ucranianos, etc., y transformarlos en grupos cosmopolitas de transmigrantes, dispuestos a cruzar las «naciones Schengen». Migraciones étnicas a la llegada, «engullidas» por los puertos del mar Negro y convertidas en transmigraciones cosmopolitas... Las jóvenes atraídas por este espacio descubrieron allí nuevas afinidades, entre ellas en el modo de superación de la alteridad, y una primera jerarquía de sus destinos como trabajadoras sexuales. Nuestras entrevistas identificaron al grupo de las que fueron llamadas directamente para los Emiratos del Golfo, luego a las trasladadas directamente al sur del Levante español, en clubes de prostitución de alto nivel, y finalmente a las que, como veremos en el caso de Magdalena y Sardinella, hicieron escala en el sur de Italia, como en una estancia de formación antes de unirse al Levante

---

47. Investigaciones de Katia Vladimirova y Alain Tarrius. Sofía, Universidad de Economía Nacional y Mundial, 2007.

español y, finalmente, las «suspendidas en alteridad» que pueblan los burdeles turcos, búlgaros, rusos o de otras naciones vecinas del mar Negro.

Los «reclutadores», cuando son identificables individualmente, como en el caso de las hermanas macedonio-búlgaras, son caseros o conserjes de pisos para estudiantes, marineros compañeros de ruta, taxistas, etc., lo que demuestra la capacidad de los operadores criminales de fusionarse con el cuerpo social «ordinario»: «democratización de las mafias», dicen estos reclutadores. También cabe señalar que estas mujeres pasan rápidamente al consumo de heroína para hacer frente a la fatiga.[48] Una vez en España, algunas de ellas preferirán consumir cocaína, cuyo precio será entonces competitivo con el de la heroína. El escenario italiano decidirá sobre estas bifurcaciones.

Tomar el camino por absentismo escolar

Sardinella

Después de 1989, mis padres retomaron la tradición familiar católica y me hicieron bautizar ceremonialmente por un sacerdote italiano. A mi nombre de pila cristiano se le añadió el de «Sardinella», un poco en broma..., aunque fue precisamente el que conservaría; yo era alta, muy delgada, con la cabeza pequeña y los ojos redondos: «ni

---

48. La heroína afgana de buena calidad se vende a unos 8 euros el gramo en Trebisonda, entre 12 y 15 euros en Bulgaria y a 40 euros en Italia y España. Las sucesivas plusvalías derivadas de estas diferencias de valores alimentan el blanqueo por parte de los transmigrantes electrónicos: irónicamente, hablan de «pérdidas de capital positivas».

buena para asar —demasiado seca—, ni para salar, demasiado larga: ni sardina ni anchoa, es una *sardinella*», había dicho el cura, y así me quedé. Con mi apodo, que me gustaba mucho...

Fue a los 15 años cuando decidí ir a Italia. Aquí, en el norte de Albania, estamos muy vinculados con la región de Tarento y Brindisi, pues los religiosos y las monjas que vienen a nuestra tierra atraen para allá a trabajadores estacionales o permanentes. No los maleantes musulmanes que van a los Abruzos, buenos trabajadores agrícolas y pescadores tan católicos como los italiano.

Entonces pasé por las monjas. Era el camino. Dos años de misas y de vísperas. Y luego el gran día: el noviciado en Tarento. Nos embarcamos desde Durrës, hacia Brindisi, tres monjas italianas, un sacerdote y yo, con hábito de novicia. Al llegar a Tarento, estuve de noviciado durante un año en un gran apartamento burgués convertido en convento; una vida tranquila, pero algo triste. Italia estaba fuera... ya me entiendes. Tenía 18 años y me dieron los papeles de residente durante una pequeña fiesta. Mi felicidad era completa; la de mi familia también.

Sin embargo; esa misma tarde, mientras me festejaban, me fugué del convento.

En esta ciudad, cuando estás reñido con los religiosos, los burgueses y tu familia, no tienes elección, tienes que vivir en la isla, entre las dos orillas de la laguna y frente al golfo. Allí hay edificios antiguos, de tres o cuatro siglos de antigüedad, completamente podridos y poblados de zombis que salen por la noche a buscar droga. Hacia el golfo, murallas de unos diez metros, y hacia la laguna, el puerto pesquero y la gran lonja de pescado. El muelle es ancho y el agua está al ras. Hay un café para borrachos perezosos, de esos que la mafia ni siquiera querría emplear para limpiar el mercado de pescado. Y los chicos se alineaban contra las viejas fachadas, con las manos en los bolsillos, bien separados, desde las ocho de la mañana hasta el anochecer.

Entonces mi vida comenzó...

Fue allí donde conocí a Emilio, un falso tipo duro de 22 años que trabajaba ocasionalmente con un pescador que le pasaba coca mala y pescado invendible para pagarle. Déjame decirte que Emilio fue inmediatamente para mí. Era bajo y gordo, imagínate la pareja. Pero deambulaba por la zona desde hacía tres años y se había hecho una caseta en un edificio viejo que no tenía goteras. Encontré trabajo en la lonja y vivíamos como pájaros en el nido, o como ratas en el fondo del hoyo, según se vea la vida: como dos tortolitos adolescentes o como dos adultos fracasados. Se trataba claramente de fracasados. Un giro por encima de un acantilado y hace siete años que no dejo de caer hacia el fondo de no sé qué precipicio. Una acumulación de fracasos, el primero y más importante de los cuales, ahora lo sé, fue negarme a quedarme en Shkodra con mi hermano mayor, que ya tenía planes de crear una empresa de procesamiento de alimentos. Me pidió que fuera su comercial. Pero todos a mi alrededor habían condenado su egoísmo, sospechaban que tenía sórdidas intenciones en cuanto a mí y difundían sucios rumores contra él. Decían que me estaba robando a Dios: en realidad, él me habría salvado... ¡Qué fracaso, qué fracaso!

Emilio y su pescador me explicaron que sería bueno para todos que yo trabajara tres o cuatro horas, hasta medianoche, vendiéndome en el gran pesquero que tenía un camarote diminuto. «No es necesario que te acuestes, los clientes preferirán que hagas todo eso de rodillas», me dijo el pescador entre risas. Como me apreciaban, me volvieron a explicar que haría el servicio con coca: era asunto mío dosificarla para que el pardillo se colocara sin poder pasar al acto; y sobre todo que no se durmiera. Y nada de sobredosis, de lo contrario habría que tirarlos a la laguna, cosa que nunca ocurrió. Digamos que la mitad del tiempo evité los deseos de mis clientes; a los que regresaban y pedían sus fantasías [...] les decía que tenía sida, pero que no corrían ningún peligro porque me iba a lavar en el agua del mar que nos rodeaba, y que es una de las más contaminadas de Italia; entonces la coca les bastaba. Y no los volvía a ver. Esta historia de la coca fue a petición de los mafiosos: «Para luego; podría ser útil», decían. Así vivimos unos meses, Emilio con algo de coca sobrante y mi dinero, y el pescador con su negocio de droga.

Sur de Italia, cocaína y nueva jerarquía

Magdalena

En el quinto mes, en vísperas de la finalización de mi contrato de navegación, un georgiano abjasio me dijo en Sochi: «Ya no necesitas fingir que trabajas limpiando los barcos. Te hemos encontrado un buen lugar en un club español para hacer lo que aprendiste tan bien en Trebisonda durante la tercera semana de tu trabajo, pero primero me acompañarás a Italia. Todavía tienes que entender el negocio, todo el negocio». Me asustó un poco este hombre que sabía cuándo y dónde había empezado a vender mis servicios, pero yo había oído hablar tanto de los clubes españoles... [...] Cuando regresé a casa, después de seis meses de ausencia, una postal cada mes, todos estaban contentos con mi nuevo trabajo en la «hostelería española»: mi hermana Elena me llamó aparte y me dijo que sabía lo que yo iba a hacer, pues teníamos una vecina trabajando en los clubes españoles: «Se llevó a Almería a su hermano, dos primos y una amiga, que viven con ella y trabajan legalmente; así que llámame lo antes posible. Quieren venir Igor, mi amigo, y nuestra querida prima». Me tranquilizaba pensar que estarían cerca de mí, allí, y trabajarían como buenos emigrantes. Le prometí que vendrían. [...] Me marché hacia Sochi, donde el georgiano había comprado dos billetes de avión hasta Nápoles, pasando por Estambul, donde estuvo a punto de ser detenido por agentes de policía que sabían muy bien lo que estábamos haciendo los dos: yo podría haber escapado denunciándolo, pero le ayudé, un punto para mí. Luego, el camino a Salerno. Pasé tres semanas en una casa del centro de la ciudad; estuve con personas muy diferentes y con todos me fue bien: sabía que estaba siendo observada y evaluada, pues me lo habían dicho unas chicas en el barco. [...] Pero todo lo que me enseñaron fue principalmente sobre la coca: cómo tomarla por la noche cuando estaba cansada, pero no más, y sobre todo cómo vender un cuarto de dosis a los clientes. Ese era el comercio que les interesaba. Por lo tanto, iba a ser prostituta y traficante, doble beneficio para mis jefes, y yo aprendía todas las precauciones para no ser descubierta por la policía [...]. El examen salió bien, ya que a las tres semanas me dijeron que me iba directamente a un buen club de Valencia. Ese fue el caso.

Irina

Nos llevaron a Bari una semana, por carretera y en barco. Tardamos dos semanas en ir de Skopie a Bari, ¡aunque dos días bastaban! Conocían a mucha gente. No parábamos de desviarnos del camino y uno de mis acompañantes decidió parar en Tirana para hacer otros negocios con unos vagabundos turcos. Sofía tuvo que pasar de la heroína a la cocaína, y lo hizo sin problema. Debíamos vender toda la que pudiéramos. Vale, ya estábamos haciendo eso con la heroína. En cuanto al sexo, enseguida comprendieron el beneficio de que trabajáramos juntas. [...] Destino: un club de lujo en Cataluña, cerca de la frontera francesa.

Tres ciudades diferentes, en el dispositivo del sur de Italia y una misma selección: la jerarquía de los destinos españoles. Segunda «selección» después de la etapa del mar Negro. A Sardinella se le concedió su viaje al Levante español, pero con nuevas pruebas selectivas de por medio, pues ella era una de esas mujeres, alrededor de una cuarta parte de la fuerza laboral, que inspiraban desconfianza al evitar la etapa de clasificación del mar Negro, y que tomaban, según se decía, el «camino no convencional». Pero nuestros «acompañantes» no desatendían la demanda de los clubes de nivel más bajo.[49]

Sardinella

Y todo acabó con la gran transacción final: los mafiosos mandaron al fondo la carraca del pescador utilizando un bidón de gasolina, y triplicaron el volumen de su cabeza y la de Emilio tras arrancarles un ojo. Mis asociados no solo no pagaban nada, sino que abiertamente trataban de «ciegos» a los mafiosos. Acabaron tuertos; en general, fueron generosos. Me embarcaron en una gran lancha rápida: «La coca y el sexo son muy populares en España, y además eres tan fea que a la gente viciosa le gusta tu estilo; así que, mañana por la mañana, dirección Barcelona».

---

49. Cuatro niveles de clubes: establecimientos de lujo (Irina y Sofía); discotecas reservadas a turistas y españoles adinerados; discotecas «para camioneros», jóvenes y gente menos afortunada, al borde de las autopistas, y finalmente «mataderos», especialmente para clientes trabajadores agrícolas extranjeros.

Antes de salir me mandaron hacer algunas compras para las próximas tres comidas. Compré por una miseria cinco kilos de... sardinellas. Uno de ellos me dijo: «¡Bien! Pescadito, eso nos dará fuerzas para festejarte». Pero pasó lo que tenía que pasar: desde la primera comida el insoportable olor a sardinella frita les hizo vomitar; el cura podría haber dicho, en el bautizo, que a mí tampoco me podían freír. Los pescadores me comen cruda. Eso se lo debía a Emilio. En fin, me consideraban un verdadero desastre; y el disgusto que les inspiré me reconfortó por el viaje que pasé en cubierta entre la espuma del mar «para que no apestes demasiado al llegar, ni nosotros».

Dana

Por los marineros que conocía mi padre, desembarqué directamente en Burgas: un salto de pulga. Allí me esperaba un macedonio de la frontera con Albania. En coche a Skopie y en avión a Barcelona. Una última noche en el hotel y, temprano por la mañana, salida hacia un club de Gerona. Me esperaban porque había enviado un dosier con mis fotos. Respondí a un anuncio de *barmaid* (camarera de barra), diez horas, cinco días a la semana y 1.500 euros al mes, lo que para nosotros en Rumanía era muchísimo. [...] Cuando el macedonio me acompañó a Burgas, rápidamente comprendí lo que ya sospechaba: la prostitución al final del camino. Me dijo enseguida que cada mes ganaría diez veces más de lo anunciado y puso en práctica todos sus consejos durante las tres noches que pasamos juntos. Yo había hecho unas prácticas de tres meses en la escuela naval de la línea de Odesa y lo había aprendido todo, incluso lo de las drogas. [...] En nuestro país no hay ninguna religión que nos diga que nos avergoncemos.
En Gerona se alegraron enseguida... y el macedonio me

dio su tarjeta profesional: trabajaba en una «agencia de seguridad» cerca de Gerona. En mi club nos referíamos a estos «guardianes» como albaneses.

Trabajé durante un mes en el bar y en el servicio de limpieza, mientras esperaba el permiso de residencia. Luego, club y carretera dependiendo del tiempo. Poco a poco mis amigas me enseñaron a hacer un plan de salida de los clubes: tenía que reconectarme con mi familia.

Así es como muchas mujeres «viajan» hacia la explotación sexual. Pierden toda iniciativa para gestionar la transmigración para el trabajo sexual en el camino de ida. Un consenso familiar quiere que se proclame la marcha hacia un trabajo «en la hostelería». Pero nadie se deja engañar: los regresos, con inversión, a partir de 2013, confirmarán la naturaleza y el interés de la estancia española.

Imagen 2. Sardinella, la albanesa, por el grafitero Sami,
puerta trasera de un club del Alto Ampurdán

2

Zonas de circulación: ruta de los sultanes; luego, «ruta punteada»; etapas y enclaves

El mar Negro es una matriz de transmigraciones entre las naciones pobres del este y el sur y las naciones ricas del oeste, que se fusionan, en el imaginario nómada, con el espacio de libre circulación Schengen.[50] Los transmigrantes afganos del *poor to poor* mundial de la electrónica, de los productos del sudeste asiático que pasan por Dubái y otros migrantes internacionales en «grupos étnicos» que la cruzan unas diez veces al mes, llegando a pasar cada uno alrededor de 100.000 euros de material a Bulgaria, salen de allí en grupos cosmopolitas —afganos-georgianos-ucranianos-azerbaiyanos— dotados de un *pidgin* universal y una gran capacidad de vivir con la alteridad, «la asociación de todos los *brokens* europeos», nos decía un kurdo. Desde Burgas o Varna, puertos búlgaros, los afganos introducen a sus nuevos compañeros de viaje, y a más de la mitad de las candidatas para «El Dorado» español de la prostitución, por la «ruta de los sultanes»: todo el mundo descubre que el espacio europeo de los Balcanes ofrece históricas continuidades territoriales musulmanas. La ruta no se recorre según las reglas habituales de una logística de ahorrar tiempo en un espacio limitado, sino según temporalidades variables:

---

50. Recordemos que Rumanía y Bulgaria, que entraron más tarde en la Comunidad Europea, en 2021 no estaban en el espacio Schengen.

cruces directos, siete días; paradas para trabajos de temporada en compañía de transmigrantes del comercio *poor to poor*, dos o tres meses; paradas a veces definitivas con uno de ellos o con un habitante de estos espacios, en Bulgaria, Macedonia, el sur de Serbia, Montenegro o Albania. Estas vías, estas situaciones en las que las temporalidades sociales modulan los espacios, en las que el sedentarismo no es el criterio esencial de la identidad indígena, las llamamos *territorios circulatorios*: los nómadas transmigrantes encuentran en ellos el lugar-movimiento de su integración en la forma de la movilidad. La experiencia del cosmopolitismo que permite este recorrido, antes de llegar al segundo balcón de Europa, en la costa del Adriático, es, en definitiva, la de la transmigración entre pobres: el vínculo común pasa por esta proximidad que deshace las diferenciaciones étnicas sobre bases religiosas o nacionales. Distancia de las instituciones estatales y proximidad con las poblaciones a través de una producción original de relaciones sociales en la interfaz movilidad/sedentarismo. Las mujeres jóvenes comparten estas experiencias y muchas permanecerán permanentemente vinculadas al mundo de los transmigrantes. A partir de ahora, cualquier espacio sedentario se convierte en escala, lugar de paso, y, al llegar, se negocia la partida: los clubes de prostitución españoles se convierten en etapas del viaje.

La etapa italiana determinará de nuevo el destino español. Algunas mujeres, que siguen a transmigrantes caucásicos, balcánicos o de Oriente Medio, aprenden la *ruta punteada*: se trata de los enclaves urbanos que alojan a migrantes provenientes de la pobreza y a sus descendientes. Al hacerlo, al progresar del escenario rural al urbano, descubren, a menudo maravilladas, los escaparates italia-

64

nos que muestran la riqueza y la diversidad de productos desconocidos en su región de origen, el espectáculo de la sociabilidad de las calles, coloridas y luminosas. Pasan «del cine en blanco y negro al tecnicolor», como decían las hermanas de Macedonia del Norte.

> Desde Italia ya no eran un sueño —nos cuenta Irina—, las calles alegres y coloridas de los pueblos. Los restaurantes *caldo* o *fredo* donde entrábamos mostraban esos colores, esos olores, esa alegría de los clientes, que habíamos visto en las películas, en casa. Y así fue desde el primer pueblo que cruzamos. [...] Las vitrinas de quesos, con ruedas de parmesano de seis meses, un año, tres años; las de los carniceros, con cantidad de jamones, embutidos, piernas de cordero y aves. Los cafés expresos y su tumulto: poquito en la taza, pero ¡qué sabor! Nada de eso existía en nuestra tierra. Puedes entender que, a medida que avanzábamos hacia España, descubríamos la realidad de nuestros sueños. Con los ojos, con la nariz, con la ropa y las sonrisas cálidas de la gente en la calle. Aquí te sonríen hasta los mendigos, a quienes la policía persigue a palos en nuestro país. ¿Y qué? ¿Me dices que soy idiota y veo escoria? Pues esa escoria me cambia mi placer de vivir, más, mucho más que el gris, la tristeza y los palos de nuestras calles. Así entendemos la vida en mi familia.

España, la mercantilización bursátil de las mujeres, trayectorias y apoyos

Irina

> El georgiano arregló sus asuntos, es decir, 11.000 euros; viaje incluido. Nos «cedieron» por 5.000 euros cada una.

A medianoche llegamos a ese club. Un antiguo hotel de lujo al lado de la carretera. El jefe nos hizo entrar por detrás. Nos pidió que nos desnudáramos, nos palpó por todos lados para ver si teníamos implantes y nos pidió que le detalláramos lo que hacíamos. Sofía respondió que nunca hacíamos el amor por los agujeros de la nariz y que aparte de eso todo era posible. Se rio, nos preguntó nuestra edad; «¡18, 19 y putas desde hace tres años!», aclaró mi hermana. El jefe le dijo al georgiano: «Si tienes otras como ellas...», y contó de forma visible 11.000 euros, que le entregó antes de pedirle que se marchara. «Mañana a las seis de la tarde habrá una reunión; entonces sabremos lo que vais a hacer; hasta entonces, os quedáis en esta habitación sin moveros; y vestidas, por favor: no estamos en un burdel búlgaro. Y mañana, cuidado con lo que decís; si seguís siendo vulgares, no funcionará». «Sí, *abu*», respondió Sofía, quien inmediatamente recibió una gran bofetada. Alrededor de las seis de la tarde llegaron los burgueses para las «subastas». El jefe nos explicó que debíamos vendernos lo mejor posible. Si recaudaba 100.000 euros y no ofrecía a los inversores más del 20 % al año, eso significaba que al cabo de un año éramos libres de ir a donde quisiéramos, siempre que trabajáramos bien, pero dijo que tenía ideas para nosotras.

Llegaron los hermosos coches de Francia y España, y una treintena de pesadores entraron por las cocinas,[51] disimulando su rostro. Estábamos con Sofía en una pequeña tarima iluminada y los clientes estaban sentados en círculo más bien a oscuras. Pasó de todo: desnudos, movimientos [...], el jefe daba órdenes, y a veces alguno de los clientes pedía algo. Al cabo de tres cuartos de hora, un cliente, lue-

---

51. Después de aparcar los coches en el aparcamiento bajo las ventanas de Sofía, que anotaba las matrículas y nos comunicó una lista de «66»: «Porque conoces bien el país y eres simpática».

go dos, luego cuatro se levantaron y dijeron que querían probar, el jefe dejó que dos de ellos lo hicieran y luego se enfadó. Comenzó la subasta; empezó la puja en 10.000 euros de inversión y el 12 % de los ingresos anuales; una hora más tarde llegamos a 25.000 euros y el 18 %. Con la prima de la disponibilidad gratuita de las dos hermanas para una noche entera cada trimestre. Quedaban seis «inversores en bolsa», o sea, 150.000 euros más el 18 %, es decir, 180.000 euros... digamos 15.000 al mes para nosotras dos, para recuperar la libertad de elegir mejor en otro lugar. El «desafío» nos pareció muy factible. Tuvimos que sumar 3.000 euros cada una al mes para los papeles, que el patrón nos consiguió en dos semanas —uno de los inversores tenía el poder de darlos— y para la pensión, peluquería, manicura, masajista y médico incluidos. Por lo que respecta al «proyecto», el patrón nos alquilaba a cuatro clientes a la vez por un máximo de 600 euros por dos horas en una de sus dos suites de hotel.

Sardinella

El desembarco se produjo en el puerto de L'Escala. Me escondieron un poco, probablemente porque tenían miedo de ser desacreditados, por lo poco que yo me parecía a la típica chica hermosa y fácil, pero sobre todo porque llevaban algo más: hermosa nieve del Etna, como dicen en Italia. Yo era la propina. No los hice ricos, y afortunadamente tenía un permiso de circulación italiano, de lo contrario nadie me habría cogido, ni siquiera el club más lamentable...
Las transacciones siguieron a mi llegada a un «club» en La Junquera que tenía un gran patio para el aparcamiento de camiones en el paso fronterizo, un restaurante, una tienda de alcohol y conservas y, en un edificio de planta baja, el

bar y las habitaciones del prostíbulo. Hay seis dormitorios y las chicas se alquilan por cuartos de hora. Al principio, mientras esperaba a tener los papeles españoles en regla, limpiaba las habitaciones y el bar durante el día. Por la noche iba a una arboleda cercana a «trabajar para los polis»: allí había una furgoneta todas las noches desde las nueve hasta la medianoche por «seguridad», decían; de hecho, eran mis policías proxenetas. Les entregaba el dinero y no se olvidaban del servicio... Pasada la medianoche, dirigía a los clientes que querían un servicio y coca hacia mi hotel en La Junquera; algunas africanas también alquilaban habitaciones allí. Todas las noches venía un tipo de Perpiñán con las dosis preparadas: le pagábamos al contado a un precio alto. Hacíamos un máximo de cuatro pardillos cada una, hasta las dos de la madrugada. Estos eran mis únicos ingresos; un total de 800 euros al mes, por el precio de la coca; pero los huéspedes del hotel la querían. Cuando conseguí mis primeros papeles provisionales, a finales del año siguiente, todo cambió. Me contrataron oficialmente en el club como «camarera»; en cuanto a los servicios, mi rentabilidad era regular, alrededor de diez clientes entre las seis de la tarde y alrededor de las dos de la madrugada. No paraban de decirme que el mínimo tenía que ser dos por hora. Algunos de mis clientes eran camioneros —yo no era su ideal de mujer—, y muchos franceses un poco solitarios y —mi maldición— un poco raros; el club empezaba a tomar un giro un tanto siniestro. Fue entonces, como «último intento», que me metieron en la subasta; avisaron a los principales clientes de Perpiñán y un viernes, entre las cinco y las seis de la tarde, se encontraban allí unos diez, con la cortina echada. Me miraron desde todos los ángulos y el jefe sugirió «5.000 euros a partir de cinco pujas; relación 8 %». Los clientes se daban palmadas en los muslos y se reían, y uno de ellos dijo: «Nada por debajo del 15 %; nos estás endosando a la gran jirafa»; grité: «¡Soy Sardinella! ¡Pedazo de cerdo francés!». Después de un momento de silencio se echaron a reír. «Y además está histérica», se rio un hombrecito gordo que luego me dijeron que era abogado. Los burgueses franceses que se sueltan no tienen nada que envidiar a los italianos perdidos en el puerto pesquero de Tarento. El patrón detuvo la subasta y les ofreció comida. Luego vino a verme a una habitación; allí recibí mi primera corrección seria, es decir, con la hebilla del cinturón: «Haz la maleta, mañana bajas al sur [...] a un matadero». Esa noche, en el hotel, vino el vigilante y me dijo: «Ya no puedo retenerte [...]».

Las subastas (aproximadamente un 6 % de mujeres), además de cosificar y mercantilizar al máximo a estas personas y solidarizarse con los rentistas, permiten a los clubes que explotan al personal de perfiles bajo y medio realizar anticipos de capital de unos 80.000 euros. Quienes son objeto de estos procedimientos tienen una obligación residencial absoluta en el internado y están sometidas a constantes imposiciones «productivistas»: no hay un solo club de prostitución español, y tal vez tampoco más allá, que acoja a una tránsfuga.

Magdalena sale «por todo lo alto» del calvario italiano; «reclutada», forma parte del 20 % de las jóvenes de la migración balcánica-caucásica que se integran directamente, sin subasta alguna, en un club de lujo.

Para mí estaba todo listo, mi cuarto hermoso, buenos horarios y los papeles a partir del segundo mes. En el club estaba en lo más alto de la canasta. Otras tenían que pasar por subastas, y otras solo pasaban una semana allí antes de ir a los mataderos. Las que estaban en mi situación se llamaban «lingotes», valor garantizado; las que pasaban por las subastas «entraban en bolsa» y después las «suspendidas» se colocaban definitivamente en clubes de último nivel.

Valor seguro, ajustado según el deseo sexual, el valor del mercado bursátil, ajustado según las drogas, y saldo perpetuo en una situación de oferta abundante: tremendos destinos de las mercancías.

Después de 1995 habían llegado a España muchas jóvenes marroquíes. Los clubes de prostitución habían captado a muchas de ellas, entre las que no tenían papeles:[52] sin embargo, estas mujeres abandonaron el trabajo sexual en cuanto pudieron, tras obtener permisos de residencia, la mayoría para llevar a cabo trabajos de dependientas, cuidado de niños o de personas mayores; a menudo, también para unirse con hombres mayores. Quienes toman el relevo, en la década de 2000, las caucásicas y las balcánicas, no tienen las mismas opciones.

Magdalena

Cuando llegamos todavía encontramos mujeres marroquíes, pero todas las que habían reconectado con sus familias y conseguido los papeles se habían ido, excepto las que tuvieron la desgracia de ir a parar a mataderos de trabajadores agrícolas inmigrantes. [...] Nosotras, las chicas del Este, estábamos condenadas a quedarnos en los clubes y, por lo tanto, a trabajar lo mejor posible: las tiendas no nos querían porque seguíamos hablando nuestras

---

52. Pilar Rodríguez Martínez y Fátima Lahbabi (2005, *op. cit.*) estiman en veinticinco mil el número de trabajadoras marroquíes en clubes en 2002, de las cuales diecisiete mil solo en Andalucía.

lenguas eslavas o nuestro *broken* [...]. Los de casa, que se juntaron con nosotras, necesitaban nuestros ingresos [...]. Para las bodas, cero, pues las agencias matrimoniales rusas y ucranianas se encargaban de enviar a las chicas directamente. Todo el mundo tenía, y todavía tiene, miedo de los hombres que llegaron con nosotras, los georgianos que trabajan en los clubes para «dirigirnos» y proporcionarnos droga, para nosotras y para los clientes. [...] Así que hacía falta traer amigos o familiares y planificar juntos los regresos, durante varios años, a nuestros países de origen [...] y mantener buenas relaciones con quienes pasaban por Europa para comerciar desde el mar Negro. Afortunadamente, la red que hemos creado en torno a Sardinella ha tejido una vasta trama con las chicas que han pasado por los puticlubs españoles, estén donde estén. Habernos asociado fuertemente con los camioneros de nuestros países que viajan por toda Europa ha sido genial. Son como arañas que se mueven constantemente en la red: hacen claramente visible nuestro vasto territorio al permitir todos los intercambios necesarios para nuestros viajes y nuestras inversiones. Fue gracias a la red que encontré a una compatriota que llevaba siete años trabajando en clubes y que quería regresar a Ucrania: la suma de todos los ahorros de las dos hizo posible comprar, restaurar y poner en marcha un maravilloso hotel en el mar Negro. Transporte para mi hermano, luego mercancías y después conocimiento de las que se habían quedado en el turismo en España: agencias de turistas del Este. Nos han destacado en folletos de TripAdvisor y otras importantes guías internacionales.

Yo les dije a todas que esta era nuestra gran oportunidad, y que en seis o siete años cambiaríamos nuestro destino. Que haría lo que no había podido hacer la escuela, de donde salimos en las mismas condiciones que cuando entramos, fueran las que fueran nuestras capacidades. Las dos teníamos una fortuna que nos permitió convertirnos en propietarias de un hermoso hotel de turismo internacional.[53]

Sofía

Con Irina estábamos bien en un bonito club de Benidorm, pero cuando pensábamos en el futuro, solo veíamos dos o tres clubes más al sur, y la regla era no quedarnos más de dos años en el mismo lugar. [...] Hacia el interior, en Madrid y otras grandes ciudades, sin duda, había un verdadero muro de latinos que no nos querían ni ver. Teníamos que ir hacia el norte, Alemania y sus *erocenters*, Bélgica, los Países Bajos, Chequia y terminar el viaje: en esos países encontraríamos chicas de nuestro país, llegadas directamente y más jóvenes. Teníamos que traer a familiares y amigos que nos acompañasen durante los viajes y que actuaran como vínculo para nuestro regreso, estar bien con los georgianos que podrían proporcionarnos droga durante todo el viaje, y llevarnos bien con los que conocíamos y que vendían productos por toda Europa pasándolos por Dubái [...]. Sus rutas estaban organizadas, y nosotras nos beneficiábamos de ello. A través de la ONG de Sardinella sabíamos que podíamos contar con muchos camioneros para el proyecto de retorno. La conocimos durante su estancia de dos años en un club de una playa cerca de Alicante. Allí tuvimos algunos ratos de libertad. Desde entonces, nunca dejamos de charlar con ella en la red.

Y entonces la familia nos recuperó, lo que nos alivió mucho, pues de repente vislumbrábamos un gran futuro. Mi

---

53. Véanse más adelante los cálculos de Sardinella-Archangella.

padre quería ampliar la finca: tenía la oportunidad de comprar unos terrenos búlgaros vecinos a los nuestros, con edificios. Necesitaba comprar nuevos materiales, por ejemplo, tractores italianos; contratar trabajadores y a nosotras como gerentes. Y también crear una recepción en las granjas. ¡Con Irina no hacíamos más que pensar en eso! La red lo permitió todo: gastar todos nuestros ahorros y, después, los tractores, sus herramientas y luego los muebles. Nuestros ahorros de más de un millón de euros en total nos dieron un poder adquisitivo multiplicado por tres, como dice Sardinella. Lo tuvimos todo, lo cambiamos todo en seis meses, incluidas nosotras. La transacción con Bulgaria fue posible gracias a la Iglesia ortodoxa de Sofía. ¿El tiempo pasado en España? Olvidado y presente en forma de la red Retours.

Dana

Antes de salir de España, muchas de nosotras, que no vamos acompañadas, pasamos por las dieciocho discotecas de La Junquera y alrededores: allí, aunque somos bien recibidas, no estamos declaradas. Nos envían con los camioneros estacionados en las zonas de aparcamiento. El 20 % del dinero del servicio va al camionero; y, a menudo, si es amable y se queda más de un día, por un dinero puede acceder a llevarnos de regreso a los Balcanes. Por eso «apuntamos» a los camioneros búlgaros: pasan por nuestro país si siguen el camino correcto, a través de Albania. De lo contrario, pasan por Serbia y entran en la frontera más arriba. [...] La ventaja es coger un camionero de La Junquera que llegue hasta Italia, y allí encontrar a uno que sea contratado junto con el camión: gracias, Sardinella.

Sardinella

¡Me dio por ahí! Llevaba cuatro años en el Mediterráneo español: clubes de tercera y mataderos [...]. Había tomado el camino equivocado, demasiado independiente; luego veía a las demás partir hacia Alemania, siguiendo carreras que todavía estaban en ascenso. Yo era un cero a la izquierda; salí mal, llegué mal, estuve mal alojada y todavía peor vestida: sin futuro. Ni siquiera los georgianos me querían y me hacían pagar la droga por adelantado. [...] Me había reencontrado con la familia; mi hermano me pidió que lo acompañara en el pequeño negocio que montó en Shkodra. [...] Además, mi asociación ya contaba con cuarenta y siete compañeras y otros tantos camioneros búlgaros y rumanos. Unos días antes de esta reunión, había propuesto que se llamara ONG Retours. [...] Para mí, aquí no hay futuro, y emprender el camino sola está fuera de discusión, y luego, en el norte de Europa, no me contratarán [...]. Les dije: «Ya no seré más Sardinella, ¡mi verdadero nombre de pila es Archangella!». [...] He pagado un camión frigorífico para mi hermano y voy a trabajar con él. Ni monja ni puta. ¡Pescadera!

Final feliz para la que siempre ha tomado el «camino no convencional».

Llegada de acompañantes y estrategias «parentales» de retorno

El período de ocultamiento y «orientación» ha terminado con la regularización administrativa, y las personas cercanas, que comparten un proyecto que «justifica» el exilio y que todavía permanecen «en su país», pueden venir. Se trata, en su inmensa mayoría, de parientas o amigas, a veces de un hermano o de un pariente cercano. La trabajadora sexual guiará ahora su viaje migratorio: el empleo de los comigrantes tiene que ver con el cuidado de niños o ancianos, servicios de restauración y comercio; todos viven en pueblos vecinos al club. Si el plan es acceder a establecimientos legales en Alemania, Bélgica o los Países Bajos, el cruce por Francia tardará entre seis y nueve meses, por carreteras y áreas de autopistas. Tan pronto llegan, los familiares establecen vínculos permanentes con las familias de origen y determinan claramente las vías de regreso, avanzando así en el proyecto de asentamiento de retorno. Se trata de gestionar el capital obtenido, mes a mes, en España o en los países nórdicos permisivos; al cabo de tres o cuatro años, los familiares que permanecieron en el país evalúan el capital final y emprenden la búsqueda de un comercio, un hotel o una propiedad agrícola que permita concretar el propósito de la estancia española y, en ocasiones, nórdica. Los vínculos conservados con afganos y otros transmigrantes del *poor to poor* global facilitan la transmigración a Francia.[54] Los pisos en barrios aislados, a lo largo de la «ruta punteada» hacia Alemania, desde Béziers, Nimes, Aviñón, Valence, etc., que acogen a los nuevos vendedores ambulantes, están equipados con medios de comunicación informáticos (TIC),[55] como, por ejemplo, Skype, que permiten las conexiones telefónicas y visuales utilizadas por las jóvenes durante sus paradas en carretera para concertar citas. Las

---

54. Es especialmente importante el papel de los camioneros encontrados en La Junquera. Será decisivo durante el periodo de confinamiento de 2020.

55. Dana Diminescu (dir.), «Les migrants connectés; TIC, mobilités et migrations», *Réseaux*, vol. 28, núm. 159, 2010.

redes criminales de venta de psicotrópicos, las mismas que operan en los clubes españoles, apoyan a las mujeres en su lenta transmigración.[56]

56. Sobre el apoyo y los métodos para perseguir la transmigración, llevamos a cabo investigaciones desde enero de 2013. Véase LabEx «Migrations et réseaux», LISST-Toulouse Le Mirail.

3

Facilidades de devolución: ¿dinero sucio?, ¿economía inmoral?

Sardinella

El sociólogo que desde entonces siguió mi «trayectoria», con el comisario territorial de nuestra provincia y numerosos *carabinieri*, había acudido a mi club y reunido a todas las chicas. El comisario nos dijo: «Esta es una investigación importante. Después de presentaros, el sociólogo elegirá a algunas de vosotras para conversar durante una o dos horas. Pero, antes de comenzar, debo preguntaros: ¿hay alguna de vosotras[57] que quiera dejar este trabajo inmediatamente? El responsable de Cáritas aquí presente las acogerá y yo exigiré el pago rápido de la cartera».[58] [...] Para mí, aquí no hay futuro, y emprender el camino sola está fuera de discusión, y luego, en el norte de Europa, no me contratarán [...]. A continuación, les dije: «¡Mi verdadero nombre desde Tarento es Archangella!».

En dos meses cobré los 380.000 euros ganados en seis años.[59] Me fui con el empleado de Cáritas. Inmediatamen-

---

57. Treinta y siete en total, entre las cuales dieciséis de los Balcanes.

58. De club en club, el director de cada establecimiento acumula las ganancias de los residentes prostituidos. Dan lugar a la declaración al comisario territorial.

59. Lo que corresponde a una ganancia de unos 300 euros al día: 120 euros para el gerente, 180 euros para Sardinella. «Puntuación» media, resultado de años de trabajo en un «matadero». Los ingresos por trabajo al lado de la carretera o en la cabina de un camión no se cuentan en el «bote». Estos

te, pagué un camión frigorífico para mi hermano, con los 110.000 euros de mi trabajo en la cabina del camión, y le comuniqué de nuevo mi intención de trabajar con él.[60] Inmediatamente alerté a las chicas a las que había asociado a mi proyecto de ONG: eso generó mucho entusiasmo y las que estaban en la frontera conectaron enseguida con los camioneros para hacer el relevo con los que estaban trabajando en Italia con su propio camión. Toda la logística de nuestra operación se puso en marcha en dos semanas. [...] Solo faltaba movilizar a las familias.

Fin de las actividades de prostitución: la ONG Retours de Archangella

Sardinella, que experimentó una gran movilidad entre ocho clubes, desde La Junquera hasta Cartagena, recopiló las direcciones electrónicas de sus compañeras y mantuvo una fiel correspondencia con ellas hasta la creación de un tipo de asociación que ella llamó «ONG Retours» (gráfico 1).

Sardinella

Enseguida, en 2013, incluso antes de regresar a Albania, tenía cuarenta y siete asociados: nuestra asociación, de la que yo era coordinadora, tenía como objetivo facilitar el

---

«ahorros» fueron de 110.000 euros.

60. Sardinella está «fuera» gracias a Cáritas y al comisario territorial que exigió la restitución inmediata de 380.000 euros de las ganancias de seis años. La «cartera» o «bote» es la suma de las ganancias por club de prostitución, transmitidas de club en club y devueltas a la salida..., a menudo causa de conflictos interminables que provocan una larga espera antes de regresar y una pérdida parcial de las ganancias.

regreso a los Balcanes de las chicas que deseaban invertir sus fondos en un proyecto empresarial, comercial, agrícola o de otro tipo. Sabíamos que nuestra unidad y la circulación de información nos ayudarían mucho a lidiar con estos tres niveles: el oficial, dispuesto a quitarnos gran parte de los fondos; el criminal, que nos había guiado y vigilado en España y, finalmente, los maleantes locales y... las familias. [...] Imagínate, ¡entre tres juntamos al menos 1.200.000 euros! Y 1.500.000 con los ahorros de fuera de los clubes; es decir, en casa, tres veces más con los posibles gastos: esta suma equivale a 4 millones y medio en tu país, en Francia. Por lo tanto, era necesario protegerse de cada uno de los tres niveles y recibir ayuda de uno u otro según las circunstancias. Por ejemplo, para pasar los fondos en efectivo, de 400.000 euros, 350.000 se confían a un camionero de la red que transporta a una compañera y amiga de regreso. Por lo demás, con el complemento a [...] una cuenta bancaria internacional abierta con doble residencia, la de origen y la adquirida en España, podemos esquivar los controles de movimientos de fondos. Si nos pillan, podemos negociar esos 50.000 a 150.000 euros justificando nuestros seis años de trabajo. Además, sabíamos desde el principio que nuestras relaciones con los camioneros balcánicos que habían trabajado con nosotras[61] nos permitían pedidos y entregas a bajo coste de bienes recogidos en Occidente y muy valiosos en casa: parte de los 50.000 euros o más se destinaron a esas compras, lo que aligeró la cuenta. Todo ello nos permitió establecernos de

---

61. Durante etapas de al menos cuatro horas, por ejemplo, en La Junquera, donde, en 2013, se produjeron más de tres mil paradas diarias de más de cuatro horas. En ocasiones, estas paradas se realizan en las áreas de descanso de la autopista (paradas necesarias por limitaciones de tiempo de conducción). Luego, los camioneros alquilan sus cabinas de descanso a prostitutas. Algunos establecen relaciones que incluyen colaboraciones para distintos transportes de mercancías y personas.

un modo mucho más eficaz que si hubiéramos recurrido a préstamos estatales o europeos. Cuando Europa da cinco mil millones a un país, ¿qué cantidad les llega a los creadores de empresas? A nosotras las mujeres, nada, por supuesto. El «dinero oficial» se divide por dos o tres, el nuestro se multiplica por tres y más evitando la avidez de cada nivel. Y todo nuestro dinero se utiliza para comprar comercios o terrenos, para mano de obra, herramientas, el primer año de funcionamiento...

Entonces aquí quisiera decirte: ninguna ONG «de fachada», de esas de las que hablan los periódicos, ha querido reconocernos. Algunas se alarmaron o se escandalizaron. Públicamente, una de ellas nos señaló como «una asociación de gente inmoral, que no reacciona contra el reclutamiento de mujeres jóvenes y que facilita las transferencias clandestinas de dinero del vicio». Yo les respondí que ellos estaban de acuerdo con los mafiosos que nos explotaron y con los políticos corruptos que intentan cobrarnos impuestos. Les dije también que se trataba de una reconstrucción radical de nuestro destino, una salida a nuestra degradación por nuestras propias fuerzas: no obtuve ninguna respuesta, ni de esa ONG humanitaria ni de otras a las que presenté todos estos intercambios. No solo no intentamos nada para impedir que las chicas vayan a los clubes españoles, sino que, además, valoramos al máximo las inversiones de las que regresan, modelos de éxito a ojos de todos y todas. Pues sí, gritamos lo que tantas veces nos ha repetido Magdalena: «A todas nosotras, pobres del Este, los viajes de ida y vuelta de varios años a España o al norte de Europa nos permiten lo que ninguna formación de nuestro país nos aporta: cambiar de condición. Ascenso social». «¡Inmoral!», se exclaman las ONG, la policía, y más aún los mafiosos que nos prefieren en las aceras que en los puestos de mando.

El «desarrollo paradójico» según Archangella

Las mujeres que han completado el circuito transmigratorio regresan a su país para invertir los beneficios obtenidos durante cinco o seis años de actividad de prostitución. Al margen de los estados y de los traficantes, explotadores legales e ilegales, utilizan su conocimiento de múltiples redes, para empezar, la de los camioneros independientes (figura 1), para llevarse dinero y materiales. La ONG de Archangella, desplegada en red, las apoya. Aprovechan su trayectoria de retorno registrándose en lugares distintos de los que les reservan las autoridades públicas, los delincuentes, pero también los biempensantes.

Me dices que somos diecisiete mil de cuarenta y siete mil, las que regresamos a los Balcanes de 2013 a 2019 con unos fondos promedio de 400.000 euros: escucha mi cálculo: 17.000 x 400.000 = 6,8 mil millones x 3 (valores de uso) = 20.400 millones; Europa debería esforzarse tres veces más para realizar las mismas inversiones. Por supuesto, todavía no hemos llegado a ese punto. Pero te puedo decir que los que están en mi red y que han invertido en su país están en línea con mi cálculo. Por desgracia, hay chicas que regresan con poco: explotadas hasta su partida, se conforman con un tercio o incluso un cuarto de la cartera. No quieren esperar los dos o tres meses que tarda el último gestor en recaudar todo lo adeudado. O no quieren contactar con su comisario territorial. Entonces regresan con dinero suficiente para comprar una casa y buscan un trabajito. Algunas continúan la prostitución por internet. Pero hacemos todo lo posible para llegar a las chicas que están a punto de irse y educarlas para que tengan éxito en las inversiones. Incluyendo, y ello es importante, evitar sangrías oficiales y demás. Esto implica muchas veces trasladar a una de nosotras a la familia de la que regresa, para educarla basándonos en nuestras experiencias. Insistimos, siempre que sea posible, en la asociación de dos o tres para poner en marcha un proyecto significativo.

Después de nuestras discusiones sobre la confusión común entre «economías clandestinas» y «economías inmorales», yo lo llamo «desarrollo paradójico». Desafía la «buena moral financiera» que garantiza nuestra esclavitud. Desafía la contabilidad oficial. Funciona desde la fuerza de nuestros vínculos afectivos: aquellos que facilitan una experiencia dolorosa común. Todo eso me permite regular mi red ONG Retours en un país de criminalidad descontrolada[62] sin tener que preocuparme en ningún momento. Con los camioneros internacionales, a menudo bajo el convenio TIR, circulamos cuando los confinamientos bloquean el comercio; con ellos, volvemos a traer nuestros fondos directamente. Privamos a nuestros estados de su innoble papel de quitarnos una gran parte de nuestras ganancias de seis años, o más, de la maldición en los clubes: no hicieron nada para mantenernos en condiciones dignas, por ejemplo, ofrecernos una verdadera formación, que nos sacase de un modo de vida cuyos ingresos provenían de la explotación de nuestros cuerpos. El paso por los clubes españoles es a la vez la posibilidad de cambio de condición y el descubrimiento de nuevas solidaridades. ¿Por unos cientos, me dices? Sí, para mí es obvio que contribuyen al «desarrollo económico»: ¿y «paradójico»? Sí. Ningún desarrollo, oficial o criminal, nos tolera, se reconoce en nuestras gestiones.

---

62. Véase Kolë Gjeloshaj Hysaj, «Crime organisé albanophone: consolidation et diversification», 2020, *op. cit.*

De hecho, Archangella reivindica una inversión de las dominaciones. El debate que abre es de una profundidad que ella no sospechaba. Dice: «¡Es indignación contra indignación! Cuando estoy con la responsable de [ONG] al teléfono, me cuenta todo lo bueno que piensa de nuestra acción, pero también lo que sus "patrocinadores", dirigentes nacionales y jefes de grandes empresas, no entenderían. ¡Y qué más! Le digo que teme a esta gente como yo a los proxenetas de los puticlubs: ¡Ya no tienen moral! Entonces ella cuelga...».

¿Dónde están las transacciones «morales»?

Archangella y sus asociados afirman la legitimidad de la transferencia íntegra de los ingresos de las trabajadoras sexuales expatriadas, sabiendo que han pagado, por parte de los directivos del club, sus impuestos al Estado español. Consideran que los gravámenes en caso de declaración en las fronteras serían ilegítimos. En cuanto al cambio de funciones de los camioneros independientes, en particular de los búlgaros con sus camiones en Italia, señalan la buena voluntad y el altruismo de quienes se adhieren a la asociación.

Por otro lado, denuncian la malversación de fondos europeos por parte de las autoridades políticas de las naciones balcánicas beneficiarias.

Los partidarios de la oficialidad, la publicidad de los procesos de pago, los subsidios, las donaciones, etc., que manifiestan una cadena de solidaridad de lo más alto a lo más bajo, afirman la legitimidad de su «buena moral». Cuando las ONG son las destinatarias de esta financiación, esta circulación se hace visible. No se puede decir lo mismo de las importantes subvenciones de los estados de la Comunidad Europea a las naciones balcánicas. Oscuros procesos de redistribución intermedia «recortan» las sumas asignadas, de modo que la crítica de Archangella resulta pertinente: una fuerte reducción de la circulación en la burocracia a medida que se acercan las finalidades. Multiplicación de los valores invertidos al regreso de las trabajadoras sexuales.

¿No podríamos considerar los éxitos de las inversiones promocionales de familias enteras como altamente desmoralizantes para las acciones y los actores que las hicieron posibles? Los grandes textos religiosos fundadores de la moral pública europea así lo sugieren. ¿Debería apodarse a Archangella «María Magdalena»? En este caso referencial, ¿cómo llamaríamos a los actores estatales que devoran los subsidios? No olvidemos que se trata ante todo de una explotación de las mujeres: sus «capitales» iniciales son los de mujeres explotadas. Por supuesto, entrar en el debate entre dinero moral y dinero inmoral no tiene sentido, literalmente, lleva a una interminable espiral de sentido y sinsentidos.

La red de ONG Retours[63]

«Así que actualmente somos más de seiscientos los que hemos comprendido que necesitamos trabajar en red para encontrar entre nosotros el capital, el asesoramiento, las alianzas para que nuestros retornos sean lo más exitosos posible. Cada año duplicamos nuestra plantilla. Ahora, en el club más pequeño del Levante español, tanto en los ma-

---

63. Desde 2015, Sardinella, tras consultar a sus asociados, acepta ponerme en contacto con las personas que yo le indico. En ocasiones, incluso con camioneros considerados como parte de la red. En este último caso, debe pasar por sus asociados (gráfico 1).

taderos de trabajadores inmigrantes como en los clubes de lujo, las chicas que están a punto de salir son informadas de la existencia de la ONG Retours. Las mafias están divididas entre aquellos que quisieran explotarnos aún más y aquellos que insisten en la "rotación" de su circuito bien rodado de "recogida y expedición de las chicas balcánicas". En cuanto a los funcionarios, solo les interesamos para los impuestos.»

Gráfico 1. Red de ONG Retours

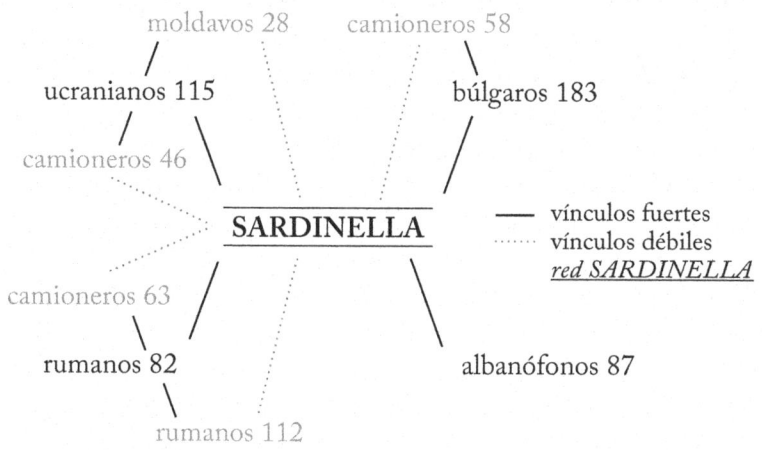

El 28 de septiembre de 2021, red de acceso inmediato: 478 mujeres, de las cuales 37 en clubes ibéricos, 61 en clubes del norte de Europa, 19 en las rutas de regreso y 361 reinstaladas en el regreso, 140 reinstaladas pero con las que es posible contactar indirectamente a través de Sardinella, 163 camioneros vinculados a los 380 asociados de primer nivel, rumanos, búlgaros y ucranianos.

Instaladas en España y perdidas de vista

Más de la mitad de las jóvenes son literalmente «perdidas de vista» durante su estancia en el Levante ibérico. La expresión es particularmente adecuada para describir las «desapariciones». Poco a poco escapan de la mirada de sus compañeros transmigradores. Abandonan este *territorio circulatorio* que reúne todas las rutas del nomadismo prostitucional.

Cinco o seis años de etapas levantino-ibéricas producen una multiplicación de los contactos con las poblaciones locales; la movilidad entre clubes, exigida por los arrendatarios, no es suficiente para «preservarlas» de las relaciones con los círculos sociales locales: se crean vínculos que conducen a la retirada del espacio nómada de movimiento y asentamiento de las mujeres jóvenes.

Conocimos a treinta y una mujeres entre las mil cuatrocientas cincuenta (de tres mil cuatrocientas ochenta) instaladas en España en 2014, tras abandonar el trabajo sexual. Dos mil, es decir, alrededor del 57 %, están, como hemos dicho, «perdidas de vista» en España. Entre ellas, treinta y una personas conocidas contactadas por recomendación de nuestras informantes, seis casadas con personas más mayores, y bien integradas en las sociedades locales. Ocho dejaron el trabajo sexual y se reconvirtieron profesionalmente en sus clubes: tres, como gerentes del bar del club, de seis a ocho horas al día. Tres gestionan los servicios puestos a disposición de las jóvenes: peluquería, masajes y seguimiento de salud, contactos con tiendas de ropa y reservas de hotel en caso de viaje. Otras dos añaden a estas funciones las de llevar los horarios de los «supervisores», reservas de avión y hotel, fases de llegada de nuevas prostitutas y sus acompañantes. Se las conoce como «las gerentes». Se convierten en interfaces entre las empresas locales, especialmente los comerciantes, y los círculos cerrados de vigilantes de clubes y sus trabajadores.

Ocho mujeres de nuestra muestra, entre las que permanecieron en España y eran conocidas, rompieron relaciones con los clubes y abrieron una actividad comercial. La elección de la actividad resultó difícil a pesar de contar con importantes ahorros, de 380.000 a 500.000 euros por cinco o seis años de trabajo en un club. A cuatro de ellas, de entre 26 y 28 años, que contaban con títulos profesionales en su país de origen,[64] el acceso al tercer curso en una escuela superior de turismo de Alicante y Valencia[65] les permitió abrir rápidamente dos agencias de turismo en localidades costeras del Levante. Franquiciadas por una marca global, se dedican, al parecer con éxito, a acoger a los turistas de comunidades rusas. Las últimas nueve compran un apartamento y trabajan en diversos servicios personales.

---

64. Se trata de tres mujeres ucranianas que asistieron a una escuela superior de carreras comerciales navales en Odesa, y una rusa que siguió el mismo curso en Rostov. Las cuatro se vieron atrapadas en actividades de prostitución durante su pasantía de seis meses en su tercer y último año en los barcos turísticos que navegan por los puertos del mar Negro.

65. Último año, alternándolo con sus últimas actuaciones en el club. Inauguradas en abril de 2014, estas agencias han atraído, hasta septiembre, a más de dieciséis mil turistas rusos, con unos ingresos de 900.000 euros repartidos entre salarios, inversiones profesionales en terrenos y operaciones comerciales.

Apoyo de familiares, camioneros asociados y proyecto de retorno

Las transmigraciones de las trabajadoras sexuales pueden movilizar, además de a varias redes clandestinas ilegales, a una red de familiares y amigos a lo largo de la migración y en torno al proyecto de retorno, como señalamos en el capítulo 2.

La gran mayoría son mujeres de la familia o amigas. La trabajadora sexual guiará desde entonces su viaje migratorio: el empleo de los comigrantes tiene que ver con el cuidado de niños o ancianos, servicios de restauración y comercio; todos viven en los pueblos vecinos al club. Desde su llegada, los familiares establecen y mantienen vínculos permanentes con las familias de las ciudades y pueblos de origen y preparan el proyecto de retorno. Al principio, acompañan a las trabajadoras sexuales a través de sus etapas dos o tres meses en las carreteras y autopistas francesas.[66]

Entre las ciento cuarenta y siete mujeres que regresaron a los Balcanes y el Cáucaso en 2014, en una última ruta de prostitución por carreteras y autopistas francesas, setenta iban acompañadas de familiares. Pudimos conocer doce de estas trayectorias de retorno. Se priorizan los proyectos de recepción turística, bajo diversas formas, y la preparación de la instalación y luego la operación ocupan a todos los familiares que acompañan la transmigración y a otros asociados que han permanecido en el país de origen. Así, Magdalena, ucraniana acompañada en España por una hermana, dos amigas, parientes lejanas, y un joven tío, Piotr, movilizó a tres familias en el país, es decir, a

---

66. Este es el tiempo necesario para pagar la «cartera».

más de treinta y cinco personas. Las fases de investigación de un sitio extraordinario para abrir un hotel de lujo para turistas de Europa occidental, las de las negociaciones con los propietarios de los terrenos y edificios elegidos, y también aquellas de evaluación de los costes de rehabilitación movilizaron con éxito a estos familiares en más de 100 kilómetros de costas alrededor de Odesa. Piotr, durante los cuatro años que duraron las distintas fases del proyecto, hizo doce viajes de ida y vuelta de Barcelona a Odesa, a menudo acompañando a camioneros internacionales. Realizaba fotografías y películas de los lugares planificados, observaba las condiciones de accesibilidad desde los aeropuertos de Odesa, Kiev y Bucarest, y las variaciones climáticas y políticas en esta costa de Mykolaiv en la frontera con Rumanía. A pesar de las tensiones características de la cercana Transnistria en 2013, es una zona de estanques y acantilados rocosos que fue elegida, cerca de la desembocadura del Dniéster, al sur de Odesa: el conocimiento de los habitantes, los pescadores y el parecido del sitio con los de las descripciones de Ovidio en las *Pónticas* recibieron el apoyo de la cuarentena de personas involucradas. El capital para la compra y puesta en marcha de este proyecto turístico fue avanzado por Magdalena y otra transmigrante trabajadora sexual sin familiares. Muy unidas durante los cinco años de su estancia en el Levante ibérico, llevaron adelante este proyecto[67] confiando en Piotr y en la gran red local ucraniana. Los edificios adquiridos, con vistas a un acantilado sobre el mar y varias pequeñas calas, son muy adecuados para los deportes

---

67. Con un ahorro acumulado en seis años de 1.200.000 euros, o aproximadamente 3.600.000 después de la conversión local (valor de uso incluyendo el bajísimo coste de la tierra y la mano de obra...).

acuáticos. Era un antiguo conjunto de edificios vacaciona-
les para ejecutivos políticos, para congresos y vacaciones
en familia, frecuentado hasta 1996. Paisajes interiores de
colinas alrededor de un río repleto de peces, embellecidos
con sus monumentos, castillos militares, capillas, monas-
terios, rodeados de aldeas pobladas por familias de pescadores de río. Arboledas, generalmente de castaños, en
pliegues montañosos, iluminaban las extensiones de ro-
bles verdes. Los pájaros constantemente unían ríos, mares,
colinas y arboledas. Estábamos en el corazón mismo de
las descripciones de Ovidio. Piotr y Magdalena invitaron
a estudiantes de Bellas Artes de Kiev para decorar los interiores de los edificios con frescos y pinturas. Las paredes
exteriores, siempre que fue posible, se recubrieron con es-
quistos de las aldeas vecinas, sombreados con matices de
marrón amarillento debido a las canteras de azufre, y azul
y verde por los muelles a lo largo del río. La mano de obra,
para los yesos y revestimientos diversos, la proporcionaron los familiares que hacía unos años que participaban en
el proyecto de Magdalena y su compañera. Así, tanto ellos
como muchos de sus hijos adultos se convirtieron en personal permanente del complejo hotelero tan pronto abrió
sus puertas. Los muebles, comprados y transportados
desde los Balcanes occidentales por camioneros de la red
de Sardinella-Archangella, completaban la gestión inter-
na. Una agencia turística global consultada registró en su
guía un elogio poco común, que fue difundido a través de
las agencias turísticas abiertas en España, Italia, Alemania
y… en Rusia, en Sochi, por extrabajadoras del sexo fieles a
la red ONG Retours.

Los testimonios de estas dos mujeres ucranianas, instaladas juntas entre Odesa y la desembocadura del Dniéper;

de una búlgara, no lejos de Sofía; de una chica de Macedonia, en la zona de habla albanesa; de una serbia, al sur de Nis; de una montenegrina, al este de Podgorica; de una albanesa, al este de Shkodar, y finalmente de una rumana en Constanza, son muy convergentes. Para todas, los familiares acompañantes, entre cinco y siete años en España, desempeñaron el papel de intermediarios con las naciones de origen para elegir el lugar de instalación de hotel, taller o local comercial, etc., para liderar las negociaciones de compra y renovación, aumentar localmente la movilización de redes de facilitación en la administración, las empresas y los círculos locales. En estos casos, es la joven que trabaja en un club y vive con sus familiares acompañantes la que, después de declarar tempranamente su proyecto de retorno al comisario territorial que ejerce la supervisión, se hace cargo de los procedimientos de lanzamiento comercial del futuro hotel.[68] Las instalaciones de salones (de peluquería, belleza, etc.) son más numerosas: requieren menos inversión local, pero más relaciones con las redes logísticas terrestres de los camioneros que traen productos españoles, franceses e italianos que contribuyen al éxito de estos nuevos negocios. También podríamos citar las numerosas inversiones en explotaciones agrícolas: compras de tierras y de materiales, incluyendo tractores.[69]

68. La densidad de relaciones por Skype entre mujeres en clubes es responsable de dichos proyectos de instalación. A menudo, los hoteles abren tras la rehabilitación de antiguos «centros de acogida socialistas».

69. Los tractores articulados italianos son muy apreciados en las colinas del sur y este de los Balcanes.

Camioneros asociados, entre los independientes

Testimonio de un conductor búlgaro independiente en Italia

Hice todos los viajes de regreso conduciendo mi camioneta desde la empresa de Sofía con al menos un vehículo articulado italiano, de 50 a 90 CV, Ferrari, Pasquali, Lamborghini o Carraro. De los años 80-90-2000, a precio de ocasión de 3.000 a 15.000 euros para los agricultores y el doble para los revendedores profesionales. Tengo capacidad para evaluar las condiciones mecánicas y hacer bajar los precios comprando otros materiales, si es posible de las mismas marcas y pagando en efectivo. Por eso voy a ver la explotación agrícola en el país, y compruebo que es una antigua propiedad de España. [...] ¿Por qué esta condición? Muy sencillo, somos varias decenas en la red y por lo tanto escaneamos grandes zonas de la Campania, los Abruzos, Apulia e incluso todo el Piamonte: nuestros corresponsales-clientes coordinan nuestros esfuerzos. Nosotros somos muy conocidos por simplificarlo todo y pagar en efectivo [...], a menudo con las reservas de dinero que pasamos directamente para las chicas; lo regularizamos después. Tan pronto nos alertan de una oportunidad, avisamos a las coordinadoras y contactamos con sus asociados. Recibimos respuestas en una hora. Todo el mundo gana mucho: del campesino al comprador, y al camionero. Te hablo de equipos agrícolas, pero ocurre lo mismo con los muebles, los electrodomésticos de segunda mano, productos de belleza... Pero hay condiciones: debes ser independiente con el camión, y eso limita a los búlgaros y rumanos.

Después de que Sardinella-Archangella hiciera un llamamiento para camioneros de su red, transmitido principalmente por mujeres búlgaras, sesenta y tres conversaciones por Skype de treinta a sesenta minutos con camioneros búlgaros (treinta y siete), rumanos (ocho), albaneses y macedonios del Norte (dieciocho) me facilitaron información: los pequeños camioneros artesanos que eran contratados, junto con el camión, por empresas italianas y españolas, eran los más activos en el tráfico de retorno, puesto que sus contratos no tenían prevista ninguna carga de regreso. El alquiler de la cabina a prostitutas de los mismos orígenes nacionales durante las paradas de más de cuatro horas en zonas de aparcamiento de La Junquera, Bari y Brindisi, en el corazón de las *áreas morales transfronterizas* 2 y 3, lo practicaban cuarenta y siete camioneros. Los aparcamientos en autopistas de camiones de múltiples orígenes y destinos europeos permitían a las jóvenes de retorno dedicar una noche o dos a la prostitución:[70] ganancias a menudo transferidas a los camioneros que las acompañaban para «pagar el regreso». Estas conversaciones, una especie de investigación previa, me permitieron comprender la distribución de roles entre los empleados de empresas y técnicos independientes que regresan con sus propios camiones,[71] y los repartidores de mercancías en servicio que mantenían circuitos regulares.

El capital obtenido a través de los ingresos del trabajo sexual sugiere un *modelo paradójico de desarrollo* para algunos miles de iniciativas de inversión local de más de diez

---

70. Las zonas de aparcamiento en autopistas francesas a lo largo del Mediterráneo están especialmente afectadas, tanto por camioneros independientes de España y Portugal como por nacionales de la Comunidad Europea.

71. De menos de veinte toneladas. Los conductores de camiones articulados de cuarenta toneladas suelen utilizar camiones de la empresa que los acoge.

mil millones de euros, y mucho más en valores de uso, entre 2013 y 2018. Desplazamientos constantes de camiones entre los enclaves de trabajo sexual en Europa occidental y los lugares de inversión en los Balcanes definen una inmensa red de comercio «libre de aduanas» con origen en España e Italia.

Durante los últimos meses de 2020, Sardinella-Archangella, Magdalena, Irina, Sofía y otras ocho transmigrantes balcánicas dedicadas al trabajo sexual en España, todas ellas reasentadas en su país de origen y miembros activos de la ONG Retours, decidieron crear la ONG Allers,[72] es decir, el apoyo a las mujeres jóvenes de los Balcanes a los clubes de prostitución. Para asombro de su interlocutor sociólogo, que argumentaba el peligro de una afrenta con poderosas mafias, ellas respondieron que su cribaje de los Balcanes por miembros de la ONG Retours y su logística de camioneros permitirían inmediatamente reducir el tráfico criminal a la mitad. Cuatro agencias turísticas en el Levante español y otras tantas en los Balcanes se encargarían de los visados... Este proyecto se haría realidad en el mismo momento en que la Unión Europea aceptara negociaciones para la entrada de los países de los Balcanes Occidentales, a mediados de 2022, al final de la presidencia francesa de la Unión Europea, actualmente favorable a este proceso de integración.

---

72. *Retours* (venidas) y *allers* (idas). *[N. de la T.]*

4

Algunas otras rutas de salida de los clubes

Compañeras de españoles

Algunas mujeres jóvenes mantienen una relación duradera con un cliente. Los casos que conocimos se referían principalmente a hombres ancianos y ricos que habían perdido a sus parejas. La relación se formalizó en la mayoría de los casos con el consentimiento de los familiares. Los interesados redactaron un testamento publicado en el que se indicaron las condiciones de transmisión de la propiedad en caso de fallecimiento. Así lo aconsejaron los servicios del auditor territorial cuando les presentaron el proyecto. En ocho casos que llegaron a nuestro conocimiento, después de estas precauciones, no hubo problemas intrafamiliares. Para seis de ellos, la familia de los Balcanes fue invitada a la casa de la pareja recién formalizada y se desarrollaron vínculos de cercanía emocional. En cinco casos, la nueva esposa ocupó un puesto remunerado en el negocio agrícola (dos) o en el comercio del marido (tres).

De las tres mil cuatrocientas ochenta mujeres que quedan en España después de entre cinco y siete años de trabajo sexual, alrededor de una décima parte corrió esa suerte. No hemos tenido conocimiento, a través de los asociados de la red de ONG Retours, de ningún conflicto que caracterice estas «salidas».

A veces, la relación da como resultado una solicitud temprana para abandonar los establecimientos de prostitución. Entonces se llevan a cabo negociaciones con los propietarios de los clubes o, generalmente, con uno de sus abogados, para evaluar los daños sufridos. Los directivos del último club se quedan con una parte de la cartera.

En varios casos, los servicios del último auditor territorial verificaron la regularidad de estos acuerdos, de modo que no dieran lugar a un traslado de la joven a otras formas de prostitución.

Empleadas, emprendedoras...

Un gran número de trabajadoras sexuales pierden a los pocos años el vínculo con su entorno de origen y quieren integrarse en la vida urbana española. Sus ahorros les permiten la compra de un apartamento, un taller o una tienda en algunas ocasiones, y ello basta para considerar dos o tres años de formación profesional que conduzcan a la instalación de una pequeña empresa o comercio. Siete jóvenes de clubes costeros, desde Benidorm hasta Barcelona, abandonaron su establecimiento al mismo tiempo en julio de 2013 y alquilaron juntas un piso entre Tarragona y Valencia. Compartieron uno o dos años de formación en escuelas de turismo comercial en Ucrania y Bulgaria.

Y., ucraniana

[...] Siete de nosotras pasamos tres maravillosos años en un gran apartamento sin hombres que nos vigilaran, nos explotaran o nos compraran. Aprendimos a vivir de nuevo en dos importantes escuelas de negocios. Y tuvimos contacto con agencias de turismo locales con clientela internacional. Al mismo tiempo, a través de **Y...a** se establecen contactos con agencias rusas, ucranianas y con anunciantes internacionales. Nuestro apartamento-colmena era un verdadero despacho de estudios. Cada una publicaba sus gestiones y nos reuníamos en cuanto una gestión nos parecía positiva. [...]

Descubrimos las amistades de barrio, los rechazos de los hombres que «se aferraban» demasiado a nosotras y teníamos el dinero de reserva al 7,5 %, 3,4 millones de euros de los ahorros acumulados y 945.000 euros de los «ingresos adicionales», de las carreteras y los camiones, para el apartamento, estudios y vida diaria. **L.**, la búlgara, exponía en un gran tablero, semana tras semana, el estado de nuestros bienes comunes. Quinientos mil euros de la «suma de carreteras y camiones» se colocaron al 5 % en una cuenta conjunta durante los primeros dieciocho meses. Al final de ese período, pudimos prolongar el uso de esta cuenta durante seis meses más. [...] Todo ese tiempo de formación en contabilidad, aspectos legales internacionales y contactos con operadores turísticos internacionales nos permitió también desarrollar una estrategia de implantación: tres agencias, una en Tarragona, otra en Valencia y la última en Benidorm. Dos anunciantes internacionales con prestigiosas guías anuales que nos presentan en Rusia, Georgia y Ucrania, y de forma secundaria en Rumanía y Bulgaria, como agencia de turismo especializada en alquileres para particulares.

Desde el primer año, los pedidos casi nos desbordaron. Éramos dos por agencia y la séptima era el enlace entre las tres agencias y los contactos con los aeropuertos de llegada y la organización del transporte hasta los domicilios. A su vez, cada agencia organizaba encuentros semanales de grupo para visitas colectivas, con comida incluida.

Nuestro éxito fue abrumador. Contratamos a chicas que se cruzaban en nuestro camino de formación. [...] Después de dos años de funcionamiento, en 2018 éramos seis por agencia. Esto era necesario para garantizar la acogida y la comodidad de los miles de clientes. 5,7 millones de euros más, invertidos al 7,5 %, o sea, más de 9 millones de euros.

Fue entonces cuando tomamos la decisión de abrir agencias en Sochi, Odesa, Bucarest, Varna y Sofía para acoger a los españoles y luego a otros europeos occidentales. [...] Con la pandemia vamos «sobre ruedas», es decir, ya no obtenemos beneficios, pero, trabajando unos siete meses al año, mantenemos nuestros negocios. [...] En las agencias del Este tenemos treinta y una compañeras. Nuestra cuenta española ha superado los 10 millones, con los intereses. [...]

La red de Archangella fue de gran ayuda para la creación de agencias y áreas de acogida en el Este.

Este éxito colectivo no puede ocultar los «caminos individuales», particularmente de los artesanos. Las escuelas de artesanía, ebanistería, decoración de interiores, restauración, etc., son numerosas y reputadas en España. Las principales ofrecen una formación intensa, de diez a catorce meses de duración, y de treinta a cuarenta horas semanales, sin límite de edad de ingreso ni formación previa requerida. Por lo que sabemos, en siete centros de formación se matriculan cada año entre diez y quince mujeres que abandonan los clubes de prostitución, es decir, alrededor de un centenar por promoción. Hay muchas salidas en los oficios de restauración de muebles, obras de arte, mármoles funerarios, etc. Los ahorros acumulados permiten la instalación de un taller y su equipamiento, un local de ventas y oferta de servicios; rápidamente, se produce la contratación de una o dos personas.

Los caminos de la desesperación

Los pocos cientos de casos de éxito de retornos a los Balcanes o de asentamientos en España no pueden ocultar los cientos de trágicos fracasos.

Conocimos a doce mujeres menores de treinta años, gracias a Cáritas. Las tres conversaciones que se relatan a continuación presentan los repetidos fracasos de las otras nueve.

Todas ellas son mujeres jóvenes que rompieron con sus familiares cuando abandonaron los Balcanes, con 18 y 19 años.

La primera, un destino muy común, fue contagiada por una grave enfermedad incompatible con el trabajo sexual en clubes autorizados.

Katia, búlgara

Soy musulmana pomaca[73] del noroeste de Bulgaria. En 2015, a la edad de 17 años, ingresé en la Escuela Superior de Turismo de Sofía. Fue durante mis primeras prácticas de verano en Varna cuando tuve una aventura con un joven que trabajaba en aerolíneas turísticas. [...] Cuando me propuso acompañarlo a España, a Barcelona, para un trabajo en la hostelería, me di cuenta de que era un trabajo próximo a la prostitución. Pero, tras algunos años, las chicas empezaban a regresar con mucho dinero para sus familias. Más de lo que yo podría ganar en veinte

---

73. Eslavos islamizados.

años de trabajo. Cuando le hablé a mi familia de mi plan de partida, la reacción fue radical. Mi padre me dijo: «Si vas, no nos volveremos a ver». Mi madre y mis dos hermanas no dijeron ni una palabra cuando crucé la puerta. [...]

Al llegar a Barcelona, nos dirigimos a Vic. Mi amigo había reservado una habitación en un establecimiento que era un hotel-restaurante que, por la parte trasera, conectaba con una sala y habitaciones de un club de prostitución. Mi amigo se fue el mismo día, tenía un viaje de ida y vuelta a Italia y debía regresar al día siguiente. Nunca lo volví a ver. El gerente me dijo que me daba un trabajo de mantenimiento en la parte del club, hasta que tuviera mi visado de residencia. Luego ya veríamos a dónde iría a trabajar. [...] Ya no tenía ninguna conexión con mi pasado. Las chicas que «trabajaban el sexo», como lo llamaban, rápidamente se convirtieron en mis nuevas amigas. Salidas por Barcelona con jóvenes búlgaros. El visado llegó siete semanas después. Estaba lista: al principio me fui con Katia «a los camioneros». Había búlgaros que conducían grandes camiones de empresas españolas, con una cama en la cabina de conducción. Allí es donde realmente comencé. El gerente del club era amable: me preguntaba cómo estaba y me hacía comer en la mesa de mis compañeras que trabajaban en las habitaciones. Aquí es donde acordamos hacer salidas a Barcelona, como turistas. Íbamos a un restaurante catalán, en el casco antiguo.

Luego trabajé veintiún meses declarada. Y cataplum, durante una visita obligatoria de seguimiento médico, el VIH. Cuarentena y tratamiento inmediato. Con una cartera acumulada de 170.000 euros, fui a un dispensario de Cáritas. [...] Intentaron contactar con mi familia en Vraca. Respondieron que no me conocían.

Katia estudió español durante un año. Luego trabajó como vendedora de ropa en mercados ambulantes en distintas poblaciones limítrofes con Barcelona.

> Volví a ponerme en contacto con la escuela superior de Sofía. Accedieron a reinscribirme en el segundo año, considerando que había hecho unas prácticas de idiomas de dos años. Pero tenía mucho miedo: ¿cómo ocultar que soy pomaca y estoy sola, sin amigos del colegio, sin conocidos en la ciudad? Aquí o allí me convertí en una extranjera. Quizás incluso más allí que aquí. En España no se presume de mi religión: nosotros, los pomacos, tenemos todas las características de los eslavos. Ojos azules, piel blanca y cabello claro. Los españoles me ven como una sueca. Esto es lo que me decía el jefe de mi club y se lo vendía a mis clientes. Pero entonces tendría que buscar formación. [...] Estoy cansada y, si regreso a Sofía, ¿cómo puedo seguir mi tratamiento sin que se note enseguida?

Estas entrevistas datan de enero de 2019. Desde entonces, Katia ha desaparecido: Cáritas-España, que la acogía y le hacía el seguimiento médico en Barcelona, no tiene más noticias de ella. En Sofía, nuestra corresponsal, profesora de la Universidad Nacional e Internacional de Economía,[74] intentó sin éxito averiguar si se había matriculado en una escuela superior de la capital.

Perdida de vista.

La segunda, destino frecuente, abandona el territorio de la circulación transnacional y sus regulaciones para trabajar para un proxeneta fuera de los clubes.

---

74. Katia Vladimirova, con quien, desde 2003, organizamos investigaciones sobre los transmigrantes en Burgas y Sofía (Alain Tarrius, 2007).

L., moldava

En Moldavia no había nada para mí después de la universidad. Mi familia eligió a los ucranianos antes que a los rusos. Lo que me valió, a la edad de 17 años, la admisión en la sección comercial de la Escuela Naval de Odesa. Mis prácticas de cuatro meses al final del primer año en barcos turísticos incluyeron viajes a Constanza, en Rumanía; Varna, en Bulgaria, y Zonguldak, en Turquía. Rápidamente, supe que podía ganar dinero vendiéndome a los turistas, en barcos y en tierra, durante las escalas. Mis padres no podían ayudarme y la estancia para estudiar en Odesa era cara.

Después del tercer viaje, me quedé en Varna. Dirección: un empleo en Italia, en la industria hotelera, en Salerno, cerca de Nápoles. Era un albanés el que me acompañaba. De hecho, era una escuela de trabajo sexual. Enseñanza de limpieza, técnicas en la habitación y en el exterior. Y programa sobre drogas, especialmente coca. Dos meses. En fin, al final de la segunda semana, mi rumbo hacia España ya estaba decidido: el club, al norte de Alicante, lo sabía todo sobre mí, y mis futuros jefes me habían declarado como dependienta en unos grandes almacenes al lado del club. Cuando llegué, me faltaban dos semanas para conseguir mi visado. Sucedió muy rápido. Yo tenía 19 años.

En mi club era muy apreciada y no necesitaba trabajar en la carretera ni en los camiones. Después de cuatro años, me anunciaron mi traslado a un club de lujo cerca de Barcelona. Durante esos cuatro años me fui acercando a un español, Joan, primero cliente del club, luego compañero en mis salidas. También entré en comunicación constante con la ONG Retours de Sardinella. Eso ya lo sabes, porque fue la que nos puso en contacto. Así que dejé el club, pero no para irme a otro prostíbulo: para vivir con Joan y trabajar para él de forma independiente.

Cuando les dije que no iría al siguiente club hasta dentro de «al menos dos años», hubo una fuerte tensión. Inmediatamente recurrí a los servicios del auditor. Conclusión: el club me pagó tres años de la cartera en vez de cuatro. Con 330.000 euros alquilamos un bonito piso en Barcelona y dos habitaciones en un callejón del centro. Joan publicaba anuncios desde nuestra oficina en el piso y yo, cuando era necesario, recibía al cliente en el apartamento de dos habitaciones. Nuestro proyecto era coger la gestión de un pequeño restaurante bien situado para turistas. La cocina es el trabajo de Joan: platos catalanes, especialmente recetas marineras, platos coloridos y sabrosos: zarzuela, *suquet* y otros.

Me olvidé de Moldavia. Mi hija pequeña siguió en contacto, pero le dije que ni hablar de traerla a España. De todas formas, la voy a ayudar en su plan de educación superior en Alemania. Duplicaré su beca, lo que le permitirá mantenerse mientras estudia, sin seguir mi camino.

Una bifurcación común a varios cientos de mujeres jóvenes en diversas formas, a menudo menos controladas que la de **L.** Pero estas trayectorias son inaccesibles para nuestras investigaciones. La amistad entre **L.** y Sardinella nos permitió este contacto.

Un tercer destino parece afectar a un gran número de las «perdidas de vista». No pudimos contactar con estas personas, pero muchas asociadas de la ONG Retours nos indicaron las siguientes rutas.

G., Macedonia del Norte. Dos entrevistas por Skype de cuarenta y cinco minutos en mayo de 2021:

> Durante mis siete años en España estuve en tres clubes, en Manresa, en Valencia y luego en Castellón. Conocí a doce chicas que se fueron a otras redes, en África y Oriente Medio. No hubo más noticias desde su salida. Ningún comunicado de su llegada, ni siquiera de dos de ellas que eran miembros de la ONG de Sardinella.
>
> En cambio, con las que se fueron directamente a Alemania o Bélgica sigo en contacto: hay algunas en la red de Sardinella.

Sin embargo, pudimos comunicarnos con seis trabajadoras sexuales reubicadas en clubes del norte de Europa y miembros de la red de ONG Retours. Entre ellas, una en Chequia y dos en los Países Bajos. Otras tres, en Alemania, respondieron colectivamente, vía Skype, a las preguntas de Alain Tarrius.[75]

S. y S., montenegrinas, hablantes de albanés en los Países Bajos. Entrevista por Skype de cuarenta minutos en septiembre de 2021:

> [...] Hicimos juntas el viaje de La Junquera a Fráncfort: tres meses y seis camioneros. Paramos en estacionamientos de camiones cada dos semanas. Durante el día, a partir de la una, por las carreteras vecinas; desde que caía la noche, en el aparcamiento con los camioneros. Dormíamos de 3 a 10 en una pequeña tienda de campaña entre dos camiones. Ganábamos mucho más que en España durante el mismo

---

75. Paso obligado ya que Sardinella-Archangela solo lo reconoce a él como interlocutor de la red de ONG Retours.

periodo. Nada de compartir con el club, solo cuando un camión nos transportaba de un área a otra, varias horas de trabajo para el conductor mientras estaba estacionado. Lo arreglaban para hacer coincidir la parada para regularizar su tiempo de conducción con nuestro «coqueteo con pasta»: eran cuatro horas, lo que les reportaba unos 400 euros. Y, para algunos, vínculos duraderos a través de Skype: conectamos con dos de ellos a través de la red Sardinella. Iban para Italia. Más tarde supimos que se convirtieron en buenos socios. [...] Nunca hemos dejado de usar la red para comunicarnos con amigos y camioneros antes de nuestro viaje de regreso a Albania.

Viajamos de Fráncfort a Ámsterdam en autobús. Y luego, «un clásico», alquilamos una habitación en el distrito rojo, justo en medio de las hordas de turistas, detrás de San Nicolás. No tuvimos ningún problema: en la escala de Dijon informamos a nuestro último club que en tres semanas estaríamos en Ámsterdam. [...]

Es muy muy diferente a los prostíbulos españoles. Una vez que tienes el derecho de paso..., es decir, de alquiler en la zona, tú lo gestionas todo: la distribución y la limpieza de la habitación, y especialmente tu exposición detrás de tu puerta de cristal que da a la calle, a la luz, en una posición de recepción: sonrisa traviesa, en *body* o traje de baño ajustado. Con la puerta cerrada, entonces, en nuestra entrada, un higiéfono para decir los precios según la especialidad y la duración. Para ello teníamos cartulinas. Nunca más de treinta minutos, pues había demasiada gente. Eran las especialidades las que marcaban los precios. El alquiler por día era a un precio fijo, fueran cuales fueran los ingresos. Un «guardián» se paseaba por la calle con los turistas cada cuarto de hora: el precio estaba incluido en el alquiler. Al principio, y durante ocho meses, tuvimos una habitación de trabajo que daba directamente a la calle, con una cortina roja que correríamos durante el trabajo, y una habitación muy pequeña donde trabajábamos una tras otra, o las dos cuando un cliente nos lo pedía. Nos exponíamos solas, pero en la cartulina ponía «para dos», con las especialidades y los precios mucho más altos. Entonces podíamos subir hasta 300 euros por una hora. Pero nunca llegaba a una hora. Si había alguna disputa, pulsábamos un botón del teléfono y el guardia llegaba inmediatamente con un bastón; también cuando alguien intentaba traer a un amigo o a unos cuantos. [...] Tuvimos suerte, pues nuestros «guardianes» eran kosovares y hablaban albanés. Era un punto en común con los clubes españoles. Durante esos primeros ocho meses tuvimos tres peleas en la habitación; varios «guardianes» vinieron y rápidamente restauraron el orden. Luego teníamos una habitación arriba, con una escalera empinada, una puerta de entrada de vidrio y una puerta del piso de seguridad: lo mejor de lo mejor. En nuestra nueva calle, cerca de Saint-Thomas y a orillas del canal, teníamos como vecino a un vendedor de revistas y *gadgets* porno, con cabinas de vídeo. Los que pasaban por allí estaban de lo más cachondos y negociaban en nuestra puerta las peticiones más extrañas, pero que nunca conseguían cumplir.

En total, ganamos como en España, pero con la impresión de ser nuestras propias jefas, autónomas. [...] Nos quedamos un año y luego compraríamos un salón de belleza y peluquería en efectivo en Podgorica. El asunto está muy avanzado.

Z., rumana en Chequia. Dos entrevistas por Skype de veinte minutos y otra de una hora en julio de 2021:

La parte más difícil es el idioma. En España encontrábamos rumanos, igual que en Italia e incluso en Francia. En casa, en Bucarest y en toda Rumanía, estábamos rodeados de lenguas eslavas, «de rusos», decíamos; así que buscábamos relaciones con Occidente, con los latinos. Allí, en Praga, me siento rodeada por todos lados por los rusos. Aunque sé que a los checos no les gustan mucho. No me pagan en euros, aunque Chequia esté en la Comunidad Europea. [...]

Camino por la calle entre el río Moldava y la gran estación de tren, y doblo hacia las calles que rodean la gran plaza Staromest. Restaurantes y bistrós por todas partes. Muchos gais y *femboys*, como dicen aquí. La ciudad se ha convertido en la capital europea de los pederastas. Yo tengo un estilo un poco masculino, y eso atrae. Cuando tengo a mi cliente, lo subo a un piso de seis habitaciones compartido por cinco personas; la sexta es para cuando hay varios clientes. El conserje es un hombre recio y nos cuida. Damos una alerta telefónica si un cliente da problemas. Cuando subo a dos, sale de su portería y me dice en voz alta: «Vas a tal habitación; si es necesario, llama». Cuando los clientes me dicen «¿quién es ese?», yo respondo que «quiere decir que, si queremos champán, él nos lo traerá». Pero entienden que el piso está bajo vigilancia. [...]

Nada que ver con los puticlubs de Benidorm, Valencia y todas las ciudades españolas donde comencé. En cuanto haya hinchado mi cartera, volveré a casa.

Tres búlgaras en Alemania. Reunión por videoconferencia de noventa minutos en junio de 2021. Resumen de las conversaciones.

Las tres amigas, miembros de la ONG Retours, vivieron en un piso compartido y trabajaron en un *eros-center*. Pero, a mediados de marzo, el Gobierno los cerró. Esperaron dos meses. Los rumores decían que habría reaperturas. [...]

La red de Sardinella-Archangella está trabajando intensamente para repatriarlas a Sliven, donde la familia de una de ellas ha negociado la compra de un complejo inmobiliario en el centro de la ciudad que permitirá instalar un salón de belleza, otro de peluquería y un gimnasio. Las carteras de las tres suman en total 1,6 millones de euros, que se pueden multiplicar por cuatro en valor de uso local. Después de haber trabajado cada una durante seis años en la carretera y en cabinas de camiones en España y tras un viaje de regreso a Alemania en cuatro meses, hubo que añadir 800.000 euros a los fondos acumulados, es decir, en valor de uso local, más de 3 millones... Así que, en total, alrededor de diez millones en valores de uso local. Posteriormente, llegarían las ganancias en el *eros-center* de Alemania. Es decir, según los cálculos de mis tres interlocutoras, 288.000 euros o 1,1 millones en valor local. Importe destinado a los pedidos de productos italianos y al pago de los primeros salarios de las cuatro personas contratadas localmente. Están previstas otras cuatro contrataciones si las actividades marchan bien.

Los camiones búlgaros de artesanos empleados en Italia traen las herramientas y las famosas «líneas de belleza».

Estas comunicaciones muestran la diversidad de modos de explotación de las mujeres en situaciones legales de trabajo sexual.

5

Confinamiento de abril a junio de 2020 y reorganización de la logística de la globalización desde abajo

Las perpetuas idas y venidas de los transmigrantes que trazaron definitivamente el territorio circulatorio nómada euromediterráneo fueron acompañadas de una logística naval de reabastecimiento desde los Emiratos: puertos secundarios en Italia, Francia y España acogen los contenedores de mercancías fabricadas en el SEA y los ponen a disposición de los transmigrantes. Asimismo, los camioneros internacionales (TIR y otros) que recorren el territorio circulatorio, ahora en gran número, están asociados no solo con las idas y venidas de mercancías hacia emplazamientos secundarios, sino también con el acompañamiento de mujeres.[76]

Durante los meses de confinamiento francés, los contenedores portuarios fueron más numerosos, y georgianos,

---

76. Antes de incorporarse a la enseñanza superior como profesor (Université Lumière-Lyon-II) en 1991, Alain Tarrius fue director de investigación en el Instituto Nacional de Investigación sobre los Transportes y su Seguridad, un establecimiento dirigido por ingenieros de Obras Públicas del departamento de Movilidad. Entonces tuvo la oportunidad de desarrollar varias investigaciones nacionales e internacionales, rurales o urbanas: enfoques pragmáticos sin sumisión a los paradigmas teóricos que caracterizan los laboratorios universitarios. Estas acciones, en colaboración con ingenieros, le proporcionaron un conocimiento sobre los sistemas de transporte multimodal: conocimientos que resultan importantes para abordar la logística de las poblaciones transmigrantes.

desde Poti, y albaneses, desde Durrës, navegaron junto a los mismos... En cuanto a los cruces del mar Adriático, desde Albania hasta el sur de Italia,[77] ya controlados por la 'Ndrangheta y la Sacra Corona Unita, funcionaban «a pleno rendimiento». Los transmigrantes de la ruta francesa y española vivieron su encierro con sus compañeros sedentarios que residían en las cercanías de los puertos e iniciaron frecuentes viajes locales.

En cambio, los viajes de las mujeres de los Balcanes al Levante español emprendían la ruta marítima de cabotaje para la entrega de mercancías desde el SEA (mapa 3), desde Durrës hasta Tarento o Tarragona, Valencia y Alicante. A la vuelta, los camiones internacionales con destino a la aduana que circulaban fuera del confinamiento proseguían el proceso anteriormente descrito: los articulados, treinta y seis toneladas de España a Italia, y después veinte toneladas de Italia a los Balcanes.

La reducción de la expedición de visados de turista a los marroquíes por parte de las naciones europeas, ante la pandemia, en el contexto de la reorganización nacional de los viajes euromediterráneos, provocó en Italia, Francia y España la casi desaparición de los «nómadas» de países de Oriente Medio y de los Balcanes y, por supuesto, de los marroquíes no residentes en estas tres naciones, como acabamos de señalar. El relevo lo tomaron inmediatamente comerciantes sedentarios con doble nacionalidad y sus numerosos familiares jóvenes.

Los cosmopolitismos de cooperación se han desarrollado más que antes en las poblaciones sedentarias, bajo la influencia de los transmigrantes, de los «nómadas». Ya

---

77. Véase el capítulo anterior.

Mapa 3. Circuitos nacionales en el territorio circulatorio euromediterráneo y cabotaje marítimo de productos «pasados por Dubái», con transporte de mujeres (Durrës, Tarento, Levante español)

estamos observando una redefinición de los territorios de circulación (mapa 3). Mientras que anteriormente Nimes y Perpiñán eran las etapas de circulaciones *poor to poor* a lo largo del territorio francés, desde entonces Valence, Lyon, Toulouse, el Valle de Arán y Andorra, Carcasona y Limoux, Beaucaire y Arlés se han convertido en etapas de los viajes nacionales, «sacando del aislamiento» sectores de confinamiento urbano y modificando el acceso a los productos del SEA por parte de comerciantes sedentarios. Esta dinámica económica y social cualifica a los marroquíes con doble nacionalidad que actualmente circulan entre las poblaciones aisladas.

A los nuevos viajeros, mientras se reabastecen en puertos secundarios, se les dice que, tan pronto «la situación vuelva a la normalidad» cesarán los envíos marítimos a los dos puertos franceses del Mediterráneo. Sin embargo, aunque podemos suponer que así será, todavía podemos predecir una fuerte persistencia de la situación actual y, por tanto, una reorganización de las continuidades transfronterizas y, probablemente, en Francia, un efecto ampli-

111

ficado en todas las regiones occitanas y regiones provenza-
les de la cosmopolitización positiva de las relaciones entre
minorías urbanas. Al ser consultado, el «notario informal»
de Perpiñán afirma: «Los nuevos notarios, en el Valle de
Arán, en Carcasona y Valence [Francia], y los numerosos jóvenes, hijos y, como novedad, hijas de comerciantes
marroquíes «en su lugar» [sedentarios] que viajan están
esperando la reapertura de las fronteras para los largos recorridos [el territorio circulatorio]; no soy yo quien los va
a disuadir». Los primeros resultados de la investigación
actual, hasta febrero de 2022, apuntan en esta dirección.

Cuenta una pareja de Perpiñán, **Attia** y **Azzedine**, de
22 y 24 años:

Attia

Cuando mi padre, Ahmed, un tendero, me dijo, en 2020,
que los marroquíes en el sector de la electrónica ya no
pasarían durante los meses siguientes, enseguida advertí
a Azze: tenemos que irnos de viaje, mi padre y los demás
comerciantes establecidos van al puerto de XXX a comprar
libre de impuestos lo que les traen los «viajeros». ¿Por qué
no hacemos como los «viajeros»? Fuimos allí una mañana, a las cinco, cuando llegaba un barco. El vendedor nos
escuchó, nos miró, silbó y dijo: «¿Hay otros como voso-
tros?». Esperamos en un café en los muelles. A las siete de
la mañana llegó con dos marroquíes que seguían su viaje
desde la frontera española hasta la italiana y viceversa. Se
mostraron muy interesados y nos preguntaron si iríamos
con alguno de ellos a Toulouse y Montpellier. Cuatro días
haciendo entregas, Carcasona-Quillan, Toulouse-Saint-
Gaudens. Luego otros dos jóvenes para Perpiñán-Nimes
vía Béziers-Sète-Gignac-Aniane. [...] Azze corrió a coger

el coche y fue a recoger en Perpiñán a dos amigos marroquíes que a veces trabajaban en comercios de la plaza Cassanyes. A las diez estaban de vuelta en el puerto. [...] Al acabar el primer día sabíamos negociar e identificar jóvenes dispuestos a viajar con nosotros. Fue genial, pues todo el mundo había oído hablar de las ventas realizadas por marroquíes, a veces acompañados de otras nacionalidades. Y luego hicimos un viaje y conocimos a otros como nosotros. [...] Era el vendedor del barco quien lo organizaba todo. Decía: «Ganamos de ancho lo que perdemos de largo». ¿Qué pasará cuando podamos volver a cruzar fronteras? No lo sé, pero nosotros, los jóvenes, y especialmente las chicas, no abandonaremos.

En España, el nuevo circuito nacional incluye los antiguos trayectos entre Algeciras y Toledo, y el recorrido de Zaragoza, Lérida, Valle de Arán, situando a esta comunidad catalano-española «mano a mano» con el nuevo circuito francés, vía Toulouse, Saint-Gaudens y el Valle de Arán.

En Italia, los albaneses de Apulia llegaron a un acuerdo con los marroquíes ya establecidos: para los primeros, la ruta de Bari, Pescara, Imperia, Milán; para los marroquíes, Génova, Turín, Roma, Nápoles, Avellino, con algunas mezclas en cada itinerario. También en este caso, el «notario informal» marroquí de Avellino afirma que habrá «grandes cambios cuando Bari-Durrës reabra. Ya no tenemos amigos de los Balcanes, excepto los albaneses, y los jóvenes ocuparán su lugar».

Por lo tanto, los marroquíes han desempeñado un papel esencial en la constitución, la puesta en marcha y el control ético de este territorio de circulación de la globalización desde abajo del euromediterráneo, de España a Turquía. Los vínculos comerciales de proximidad de quienes viajan con migrantes sedentarios, de asociaciones culturales o religiosas, o también con otros asentamientos urbanos de migrantes, turcos y balcánicos, han contribuido a aliviar las tensiones intercomunitarias entre los sedentarios allí donde existían. El modelo pacífico y cosmopolita de colaboración entre individuos transmigrantes, establecido por los «notarios informales» marroquíes, modificó así los frecuentes conflictos vecinales urbanos en la misma dirección. Finalmente, la originalidad de la reorganización del territorio transnacional en espacios nacionales ampliados y el reclutamiento de chicos y chicas locales promete un nuevo desarrollo del vasto territorio transnacional cuando se reabran las fronteras.

El movimiento de mujeres de los Balcanes hacia España evidentemente se modifica. Los circuitos de «escuelas de negocios», como el de Sardinella, son imposibles. Hay demanda de camioneros, que hasta ahora solo se solicitaban en el regreso. El acompañamiento de la mafia se realiza en buques de carga, especialmente desde Durrës, puerto albanés, hacia Tarragona, Valencia y Alicante (mapa 3). Desde los puertos italianos también se solicitan barcos rápidos y turísticos.

La redefinición de la logística de las mujeres balcánicas que viajan a España para ejercer el trabajo sexual ha contribuido obviamente a borrar las rutas que existían antes de la pandemia.

E, inevitablemente, la cohesión de los transmigrantes de la ruta euromediterránea prosperará hacia la consolidación de un territorio circulatorio abierto a colaboraciones en circulación con personas sedentarias. Así, una transformación significativa del territorio circulatorio, tal como lo describimos de 2002 a 2018, que permitirá transacciones entre nómadas y sedentarios a lo largo de espacios estrechos, da como resultado una mezcla de las dos categorías. También se está gestando una importante ampliación del territorio circulatorio.

La aparición de un pueblo nómada europeo ya no la llevan los no nativos, sino que la comparten los descendientes de la antigua migración sedentaria argelina y marroquí.

6

Aparición de una «guardería de prostitución» en un departamento fronterizo francés[78] integrado en el «espacio de moral transfronterizo» catalán. Trata de adolescentes de ambos sexos

Estos movimientos, que hemos descrito en su extensión más amplia, desde el mar Negro hasta Marruecos a través del territorio circulatorio euromediterráneo, han modificado los destinos de las poblaciones locales. Más concretamente en los espacios de moral transfronterizos (mapa 2). Hemos investigado Perpiñán, en el norte francés del espacio de moral transfronterizo catalán (mapa 4). A pesar de estar bajo legislación francesa, que prohíbe la prostitución en establecimientos, lo que impide la focalización en la acogida de jóvenes balcánicas, esta ciudad sigue participando en la dinámica de los movimientos prostitucionales. Allí se está formando una guardería de adolescentes, chicos y chicas, a la espera de incorporarse a los clubes españoles. Esto se debe a que Perpiñán, prefectura de los Pirineos Orientales, una localidad de tamaño mediano y gran pobreza,[79] fue la capital del Reino de Mallorca y una ciudad importante del Reino de Ara-

---

78. Tres estudios de investigación sucesivos, de 2013 a 2017, para el programa Mobilités-Migrations del laboratorio de excelencia (LabEx SMS) del LISST-CNRS Toulouse II y del CERTOP-CNRS Toulouse II y III. Véase la evaluación del CNRS en el anexo.

79. Jean-Paul Alduy y Alain Tarrius, *Perpignan, laboratoire social et urbain; modernisation d'une ville pauvre et cosmopolite*, La Tour d'Aigues, l'Aube, 2018.

gón[80] antes de caer bajo dominio francés. Los vínculos transfronterizos son numerosos, tanto lingüísticos como culturales, pero también humanos, en particular a través de los parentescos gitanos,[81] etc. Ciertamente, la reciente proclamación administrativo-política de esta ciudad como parte de la Occitania francesa, con Toulouse como capital, no borra la larga historicidad catalana. A través del juego de superposiciones espaciales que permite el área moral o «espacio de moral transfronterizo», se despliega una doble pertenencia, como veremos en las páginas siguientes.

Drogas

En tiempos de confinamiento, en los puertos de destino de las mercancías de la «globalización desde abajo», siguen siendo los georgianos y los hablantes de albanés quienes comercializan las drogas dominantes, la morfina y, sobre todo, la heroína. Conseguidas a bajo precio en los puertos del mar Negro, se intercambian en parte por cocaína importada de América Latina con los contingentes de mujeres para los mismos clubes de prostitución europeos.

En todas las rutas y etapas de las actividades ilegales aparecen georgianos, albaneses y otros ciudadanos herederos de los trastornos sociopolíticos balcánico-caucásicos de los últimos treinta años. Se exportan como «secuaces versátiles» de las mafias Sacra Corona Unita, 'Ndrangheta y Dniéper. Organizados en redes transfronterizas, reem-

---

80. Raymond Sala, Alain Tarrius y Joan Becat, *Un millénaire de cosmopolitismes féminins à Perpignan et à ses frontières*, 2021, *op. cit.*

81. Alain Tarrius y Lamia Missaoui, *La remontée des Sud*, 2007, *op. cit.*

plazan, en las actividades más expuestas, a los clásicos, y ahora arcaicos, empleados locales de las familias mafiosas tradicionalmente establecidas, en particular la Camorra napolitana. Su papel no se limita a la trata de mujeres y al tráfico de drogas psicotrópicas: también velan por el adecuado desarrollo de la centralidad masculina en la prostitución. Ellos venden las drogas.

Niños de los Pirineos Orientales puestos bajo protección relativa del ASE[82] departamental

Al ser demasiado visible su presencia en los puntos de venta cercanos a las concentraciones de jóvenes, debido al estigma étnico, reclutan, en los barrios populares, a personas difíciles de identificar: jubilados del mundo de la agricultura, muy alejados de la imagen del *dealer* urbano,[83] y jóvenes que han abandonado el circuito escolar mientras permanecen con sus padres o su familia de acogida. Doce adolescentes consumidores de drogas sintéticas, entre los dieciocho identificados durante las investigaciones que realizamos a las puertas de las escuelas de secundaria, estaban bajo la protección departamental del ASE. Esta estrategia comercial resulta formidable: los primeros jóvenes consumidores encuestados eran, en los barrios, adolescentes que se sabía que estaban en dificultades, como el preadolescente, abastecido en un barrio pobre de su pueblo por un joven que había abandonado la escuela. Este último nos contó las fechas y cantidades de *speed* o metanfetamina consumidas muy ocasionalmente por el

---

82. Aide Sociale à l'Enfance [bienestar infantil].

83. Claude Faugeron y Michel Kokoreff (dir.), *Société avec drogues*, Toulouse, Érès, 2002.

joven colegial, en forma de polvo para esnifar. El embalaje es el adecuado: papelas o bombas de un cuarto de gramo de *speed* por 3 euros.

Desde el inicio de nuestras investigaciones a la salida de estos centros educativos, nos enfrentamos al contexto clientelista local: de hecho, identificamos a un preadolescente de 12 años bajo los efectos de la metanfetamina; había estado colocado y estaba bajo supervisión de la protección social del departamento. Nuestro informe para los servicios de la ASE, órgano de protección del Consejo General de los Pirineos Orientales, fue completamente ignorado. Sorprendidos por la falta de transmisión al sistema judicial y a la Gendarmería de dicha información, proveniente de un equipo de investigadores de organismos públicos especializados en el campo del tráfico de drogas psicotrópicas, dirigimos nuestra investigación hacia esta institución.

Así descubrimos una administración departamental totalmente encerrada en sí misma, que evalúa sus actuaciones a través de sus propios expertos, sus propios mediadores en caso de conflicto, sus propios abogados (cualquier denuncia de un niño protegido tiene que pasar por una asociación de nueve abogados, creada por el Consejo General...); «la justicia y la policía somos nosotros», proclaman los responsables de esta ASE. En definitiva, una isla político-departamental clientelista, de carácter totalitario. Próxima a los microfenómenos de «plegamiento de la historia» relatados en su momento por Yves Barel, quien suponía posibles microrréplicas, locales y anacrónicas, de modelos políticos nacionales derrotados. O incluso cerca del panóptico descrito por Michel Foucault, excepto que el Consejo Departamental aún no tiene el poder de detener a sus detractores.

Además, hay un estudio encargado y financiado por el Consejo General y el Consejo Regional:[84] consistió en 2014, en La Junquera, en congelar imágenes de prostitutas al aire libre, observadas a distancia, sin contacto, sin entrevistas, una especie de «zoometodología». Sin analizar el papel del dinero, las drogas, los inversores burgueses locales, las mafias ruso-italianas, los secuaces georgianos y albaneses, los camioneros cómplices y la perversión clientelista de la acción pública local, lo único que les queda a los investigadores, bajo el control y la financiación del Consejo General, es escuchar el discurso estereotipado de los inversores y directivos oficiales, y estigmatizar, por la incapacidad comunicativa, a las mujeres visibles cerca de las intersecciones: en sí mismo, el método es inadmisible. Cómo podemos decirles a estos investigadores e investigadoras y a quienes leen sin mirar atrás sus evocaciones literarias: «Estas mujeres hablan, viven, comprenden los propósitos de la sórdida explotación de sus cuerpos. Ellas simplemente saben hablar de sí mismas, según muestra nuestra experiencia al haber entablado conversación con ellas sin problemas, en Odesa, en Trabzon, en Bari o en La Junquera. Tienen nombres, apellidos, recuerdos y proyectos que les gusta compartir».

Las adolescentes mayores del Rosellón, que fantaseaban al verlas en la curva de una carretera, fueron designadas como las víctimas de este dispositivo iniciador de un imaginario femenino declarado socialmente peligroso. Poco menos, podríamos añadir, que cualquier secuencia de internet, por otro lado mucho más lasciva y accesible

---

84. El presidente del Consejo General de los Pirineos Orientales, vicepresidente primero del Consejo Regional, pasó a ser presidente de este último Consejo tras el fallecimiento del señor Frèche, presidente.

desde casa, o desde cualquier lugar, gracias a un teléfono inteligente. Los chicos y las chicas adolescentes de Perpiñán que cada año entran por docenas en las redes de prostitución españolas, a través de La Junquera y Sitges, simplemente no existen en este enfoque. En cuanto a la utilidad inmediata de este «estudio», fue contribuir a la promoción ministerial de un cargo electo de los Pirineos Orientales cercano al presidente del Consejo Regional y General.[85]

Finalmente, un informe de conversaciones con exdirectivos del sector cultural del Consejo General de los Pirineos Orientales nos permitirá analizar la generalización de la gestión política clientelista.[86]

Una forma banal de clientelismo político comunal departamental

Las disposiciones para el control político del funcionamiento de la administración departamental de protección de la infancia existen en otros sectores. Los directores del

---

85. El Consejo General, entretanto, ha pasado a ser el Consejo Departamental, y los consejeros generales han pasado a ser consejeros departamentales. Usamos la designación de época de la investigación. Tras la muerte del señor Frèche, presidente del Consejo Regional de Languedoc, tomó su lugar el señor Bourquin, presidente del Consejo General de los Pirineos Orientales y primer vicepresidente del Consejo Regional. Era cercano al ministro Manuel Valls y el representante electo de los Pirineos Orientales, que llegó a ser secretario de Estado, era su compañero. «Árboles genealógicos», dirán los tres ejecutivos. Véase el siguiente apartado.

86. En 1999, en *Fin de siècle incertaine à Perpignan: drogues, pauverté, communautés d'étrangers, jeunes sans emplois et renouveau des civilités dans une ville moyenne française, Perpignan et Barcelone* (Canet-en-Roussillon, Trabucaire), reflexionamos sobre la gestión clientelista de las poblaciones perpiñanesas por parte del Ayuntamiento de Perpiñán.

sector cultural, de alto nivel e inexistentes entre la red clientelar de los cargos electos departamentales que, por tanto, son reclutados fuera del departamento, abandonaron rápidamente. Entrevistamos a tres: la primera nos pidió que no difundiéramos los detalles de su historia; lo mismo ocurrió con la segunda, contratada tras su dimisión en Perpiñán para un puesto de gestión cultural en una gran metrópolis, pero que aceptó que reprodujéramos algunos pasajes esenciales de sus declaraciones; el tercero releyó y completó el siguiente resumen de las dos primeras entrevistas.

La brecha entre el entorno administrativo departamental reclutado localmente por afinidad con los consejeros generales de la mayoría del Consejo General y los letrados de Perpiñán, de su departamento, de su región, era tal que (los tres directores) vivían «diariamente con vergüenza los comentarios hechos por su personal», especialmente durante las reuniones con el personal encargado de los talleres de urbanismo municipal y durante otros intercambios con los responsables de monumentos históricos, etc. Cuando intentaban destituir de un puesto a una persona particularmente incompetente, eran contactados telefónicamente por tal o cual cargo electo; «ponte en mi lugar», les dijo una de ellos, amparada por el silencio de la jerarquía política local cuando la descubrieron. El paroxismo se alcanzó durante el desarrollo y la apertura de unas instalaciones marítimas: las autoridades políticas les comunicaron el organigrama del personal antes incluso de haber leído las «solicitudes». Asimismo, las direcciones de las grandes organizaciones públicas bajo supervisión departamental están repletas, como el ASE, de personal político cercano al presidente del Consejo General, pero incompetente en lo referente al campo que dirigen. Para concluir nuestras conversaciones, me sugirieron que, en cada dirección departamental, intentara hacer «árboles genealógicos» de las relaciones (por alianzas familiares, políticas, nepotismo en sentido amplio, etc.) del personal con los consejeros generales de la «gran mayoría» de ellas.

De buena fe, al tener que llevar a cabo a la vez la misma investigación en los servicios municipales y de aglomeración, la tarea resultó demasiado vasta, demasiado divergente de nuestros problemas de investigación y demasiado peligrosa para nuestros equipos de investigadores, con un nivel sociológico o antropológico de Bac +5 o +6, pero sin una integración profesional que los pudiera proteger...[87] Y ninguna organización, en los círculos prescriptores de la investigación, aceptaría financiar una aventura de este tipo que más bien recae en la Inspección General de Asuntos Sociales y estructuras similares.

Por otro lado, podemos denunciar una dimensión importante del cosmopolitismo prostitucional femenino según la notable investigación de Fátima Lahbabi y Pilar

---

87. La libertad de los profesores universitarios que investigan en su área de especialización está protegida para la elección de los campos, los métodos de investigación y las publicaciones por las decisiones constitucionales núm. 83-165 DC del 20 de enero de 1984 y núm. 93-322 DC del 28 de julio de 1993 resultantes de los artículos 34 de la Constitución de 1958 y 11 de la DDHC de 1789. Estos decretos se refieren incluso a los Pirineos Orientales, lo que el Consejo Departamental de los Pirineos Orientales parecía ignorar en su intento de obstaculizar nuestro trabajo. La decisión núm. 93-322 fue reafirmada en 1999, después del proceso Faurisson, y se limitaron expresamente estas protecciones («en interés de la democracia») a los profesores universitarios. Lo que era el caso en esta investigación.

Rodríguez Martínez:[88] la presencia de mujeres marroquíes y latinoamericanas en los puticlubs seleccionados para nuestro estudio 2007-2013 sobre mujeres balcánicas en los clubes de prostitución del Levante ibérico.

Tabla 2. Investigación 2007-2013 en ciento veinte clubes
de prostitución del Levante ibérico

Mujeres marroquíes presentes en los 120 establecimientos del ámbito catalán visitados: 846. Duración media de la presencia: 17 meses.

Mujeres latinoamericanas presentes en los mismos establecimientos: 1.093 de siete nacionalidades. Duración media de la estancia: 74 meses

---

Recordatorio: mujeres balcánicas y caucásicas en los mismos clubes: 6.075 de once nacionalidades. Duración media de la estancia: 66 meses (tabla 1).

El cosmopolitismo femenino es obviamente más importante en los puticlubs y sus entornos residenciales. Aunque, evidentemente, el paso de mujeres marroquíes por los puticlubs es una estrategia para la integración de muchas jóvenes sin papeles.[89] Las convergencias de los mercados de cocaína latinoamericana y opiáceos de Oriente Medio no son menos significativas en La Junquera que en Andalucía. Con las rotaciones resultantes de las partidas hacia España «fuera de la prostitución», hacia las naciones permisivas del norte de Europa, y finalmente los regresos a las regiones de origen en los Balcanes, tras estancias de cuatro a seis años, el flujo de mujeres balcánicas puede estimarse en cuarenta y siete mil mujeres entre 2007 y 2016.

En este contexto de centralidad transfronteriza de trata de mujeres y tráfico de drogas psicotrópicas, el próximo

---

88. Fátima Lahbabi y Pilar Rodríguez Martínez, *Migrantes y trabajadores del sexo*, 2005, *op. cit.*
89. *Ibidem.*

capítulo nos permitirá comprender las formas y funciones del clientelismo local y sus efectos en los destinos de prostitución de varias decenas de adolescentes de ambos sexos cada año.

Niños como moneda de intercambio político, niñas menores de edad en puticlubs, niños menores de edad en agencias de *escort boys*, mafiosos y sus secuaces en ambos lados de la frontera, como las drogas que comercializan y la corrupción que generan, dinero para los lejanos cuarteles generales de la mafia y los burgueses rentistas locales a través de una banca andorrana y otros en la cadena, un «ejército de camioneros» que garantizan la logística criminal,[90] aduanas y policías activos pero silenciosos: este es el paisaje oculto en el espacio de moral transfronterizo del norte catalán.

Se acabó la época en que los contrabandistas, los *trabucaires*, cruzaban la frontera por senderos que recorrían las escarpadas laderas cubiertas de bosques de alcornoques y de castaños de Les Albères. Los clubes de prostitución se encuentran en la frontera, en el lado catalán-español, y, en Perpiñán, en el lado catalán-francés, hay una guardería de jóvenes con vocación prostitucional. Este espacio, atravesado por la autopista y poblado por guardianes de la ley y del comercio, por aduanas y policías nacionales y regionales, tiene una clara vocación mafiosa.

Estas yuxtaposiciones, asociadas sobre todo a la circulación del dinero, evidentemente recuerdan el análisis del área moral, o «espacio de moral» urbano de la Escuela de Chicago. Excepto que las movilidades de los diversos ac-

---

90. Que funcionó de manera muy efectiva durante el periodo de confinamiento por el Covid-19 para cruzar las fronteras europeas españolas e italianas (capítulo 5).

tores aquí son transversales e incesantes, a diferencia del ritmo diurno-nocturno, centralidad-periferia, de la ciudad estadounidense. Nosotros hemos llamado *espacio de moral transfronterizo* a esta área moral contemporánea. Así pues, en la configuración marítima del Adriático, entre Albania y la Apulia italiana, el área moral transnacional permite, al mismo tiempo que las circulaciones marítimas de la pesca, el turismo y el comercio legal, las de las mujeres balcánicas, supervisadas por los mafiosos albaneses de la Sacra Corona Unita y georgianos de la mafia del Dniéper, y las de los nómadas del comercio mundial *poor to poor* supervisados por notarios informales marroquíes. Y también, en torno al mar Negro, los múltiples cruces de transmigrantes ucranianos, rusos, georgianos, sirios y afganos, en formaciones étnicas, permiten agregaciones cosmopolitas en pequeños grupos nómadas, procedentes de Bulgaria, en el «territorio circulatorio» que los lleva a Andalucía (mapa 2).

Repercusiones locales de una investigación transnacional: cuando el tráfico criminal cruza la frontera franco-española de Le Perthus - La Junquera

Como hemos visto en el capítulo anterior, la *transmigración*, o *migración transnacional europea*, de mujeres de los Balcanes y el Cáucaso hacia el Levante español para ejercer el trabajo sexual, que venimos estudiando desde 2007, se produce a lo largo del *territorio circulatorio euromediterráneo* (mapa 1) desde los puertos del mar Negro; esta transmigración está salpicada de etapas en Italia, en el Levante español, y también por algunas a lo largo de las carreteras y autopistas francesas, incluso en las naciones permisivas del norte de Europa. En esta implantación de la globalización criminal, la trata de mujeres siempre está asociada al tráfico de drogas psicotrópicas. Cruzar la frontera desde España, donde la prostitución en clubes especializados es legal, hasta Francia, donde está prohibida pero la practican durante meses algunas de estas mujeres al borde de la carretera mientras se dirigen hacia las naciones nórdicas permisivas, o de regreso a sus países de origen, es una oportunidad para una reorganización local de la oferta de prostitución y de psicotrópicos.

Los círculos criminales ruso-italianos, la mafia ruso-ucraniana del Dniéper, las mafias italianas de Calabria, la 'Ndrangheta y especialmente la de la Apulia, la Sacra Corona Unita, por iniciativa del doble tráfico, ¿cómo organizan el cruce de las fronteras occidentales europeas desde que la explotación de las mujeres comienza en Francia? En esta nación, la prostitución legal enmascara y blanquea los ingresos del tráfico prohibido de drogas: en Francia, ambas actividades son ilegales. Esta diferencia presupone modalidades de organización de las redes criminales de comercialización y de control específicas para cada nación: esto significa que el departamento francés de entrada de estas redes, el de los Pirineos Orientales, es un lugar, un ámbito, de negociación de las influencias criminales y de definición de sus nuevas formas. ¿Cómo y con quién, a nivel local, se reorganiza y desarrolla la prostitución internacional y el tráfico de psicotrópicos después de cruzar la frontera? Nos hicimos estas preguntas en la frontera mediterránea entre Le Perthus - La Junquera, un centro de prostitución en el Alto Ampurdán de Cataluña, el Levante español, y Perpiñán, una ciudad prefectura del departamento de los Pirineos Orientales. Desde los primeros pasos de nuestros estudios de campo sobre la distribución de drogas y las prácticas de la prostitución características de este departamento, nuestra atención se centró en las políticas clientelistas[91] de dos ejecutivos: el departamental del Consejo General y el metropolitano, incluida la comuna de Perpiñán.

El contexto: establecimiento local y expansión transfronteriza de las redes criminales italianas Sacra Corona Unita - 'Ndrangheta y la ruso-ucraniana del Dniéper, trata de mujeres y tráfico de drogas psicotrópicas en lugar de la Camorra napolitana

Nuestro trabajo anterior (2007-2013) permitió identificar los principales métodos de reclutamiento, formación y circulación de mujeres originarias de los Balcanes y del Cáucaso (tabla 1). Para ellas, al igual que para los transmigrantes de origen no europeo del comercio clandestino entre pobres o *poor to poor*[92] de bienes de uso legal,[93] las estancias de varios meses en los puertos del mar Negro de Odesa, Sochi, Poti, Trabzon, Varna y Burgas crean las condiciones para una transmigración no étnica, nacional

---

91. Alain Tarrius y Olivier Bernet, *Mondialisation criminelle,* 2014, *op. cit.*

92. Alain Tarrius, comentarios recogidos por Stéphanie Arc, «Les nomades de la mondialisation», *CNRS le journal,* núm. 273, julio-agosto de 2013.

93. Alain Tarrius, «Nouveaux territoires immigrés à Tunis et à Marseille», *Revue Européenne des Migrations Internationales,* vol. 3, núm. 1, 1987, pp. 76-94; Lamia Missaoui y Alain Tarrius, *Arabes de France dans l'économie mondiale souterraine,* 1995, *op. cit.,* p. 220; Alain Tarrius, *La mondialisation par le bas; les nomades de l'économie souterraine,* París, Balland, 2002, p. 169 (trad. cast.: *La mundialización por abajo,* Barcelona, Hacer, 2007); Alain Tarrius, *La remontée des Sud,* 2007, *op. cit.,* p. 202.

o comunitaria, sino cosmopolita. La elaboración de un *pidgin* común, durante las rotaciones en estos puertos, antes de partir hacia Europa Occidental, es un marcador privilegiado.[94] Esta lengua se mantendrá en todas las rutas transeuropeas. Para las mujeres, elegidas durante su estancia en los puertos, especialmente las de Sochi, rusas, y las de Trabzon, turcas, que van a trabajar a los Emiratos del Golfo, el viaje en barco o en avión es directo.

Reorganización de las «tutorías criminales» en la zona moral transfronteriza catalana

El tráfico, la circulación y la distribución de drogas son obviamente una importante fuente de ingresos para los círculos criminales, históricamente organizados en «mafias». El territorio circulatorio construido por los transmigrantes de la globalización desde abajo para vender «entre pobres» productos electrónicos de uso legal del SEA atraviesa tres espacios de moral transfronterizos: el mar Negro, el mar Adriático y la frontera franco-española catalana (mapa 4), donde las mafias son particularmente eficientes.

---

94. Alain Tarrius, «Les carrefours migratoires mondiaux», *espacestemps. net,* 2013.

Mapa 4. Espacio de moral transfronterizo catalán, circulación en el área moral de Perpiñán: dinero, drogas sintéticas, heroína-cocaína, chicos, chicas

¿Falsa discontinuidad fronteriza y verdadera continuidad del espacio de moral (área moral) español?

Hemos expuesto la necesidad, desde el terreno, de examinar el funcionamiento del servicio departamental de bienestar infantil de los Pirineos Orientales. Este *imprevisto*, la ocultación del uso de una peligrosa droga psicotrópica por parte de una administración encargada de proteger a sus jóvenes, estaba lleno de significado: la continuación de nuestras investigaciones, contra la ley del silencio practicada por el ejecutivo político departamental, exigía integrar nuestra implicación en el plan metodológico. Adoptamos los protocolos recomendados por el análisis institucional.[95] Nuestra curiosidad por lo que parecía ser una expresión del clientelismo político local, que facilitaba *de facto* la penetración de nuevas distribuciones de drogas sintéticas, guio la búsqueda de esta elucidación. Con el paso de las semanas, la primera observación sobre el terreno fue confirmada por las de otros casos similares, referidos al mismo clientelismo. De hecho, en este departamento económicamente devastado, los ingresos vinculados a la acogida de niños bajo protección pública se considera un salario; más de trescientas cincuenta familias, repartidas por todos los pueblos y aldeas del departamento, practican este tipo de acogida. Los alcaldes, y especialmente los concejales generales (o «departamentales»), intervienen a través del canal político del ejecutivo departamental en las recomendaciones a los reclutadores del ASE: un terreno clientelista privilegiado donde importa más la protección del anfitrión, políticamente leal, que la del «niño problemático».

---

95. René Lourau, L'analyse institutionnelle, París, Minuit, 1998, p. 262; René Lourau, *Implication, transduction,* París, Anthropos, 1997, p. 186.

Verbatim. Extractos de una entrevista con un funcionario electo municipal de un pequeño pueblo de media montaña

Tema de la conversación: las opciones de las familias de acogida para los niños puestos bajo responsabilidad departamental por el ASE en mayo de 2015.

FUNCIONARIO ELECTO MUNICIPAL (F. E. M.): [...] No somos nosotros, en el municipio, quienes elegimos a la familia. Pero podemos hacer mucho contactando con el consejero general [departamental] adecuado. No necesariamente el de mi cantón.

ALAIN TARRIUS (A. T.): No comprendo...

F. E. M.: Es sencillo, si tu consejero general es de la mayoría departamental, contactas con él. Si ya no está allí después de las elecciones, algo que nos ha pasado, te diriges al de la mayoría que fue derrotada y que espera regresar. [...] Porque el responsable del ASE que te encuentras es un político que viene del gabinete de B... [expresidente del Consejo General]. Así pues, no es difícil de entender: en un caso no obtendrás nada, y en el otro tendrás lo que pides [...], es decir, la colocación.

A. T.: Pero ¿no son los educadores quienes investigan y deciden?

F. E. M.: A los educadores los vemos, por supuesto, pero la decisión la negocias según el camino que le explico.

A. T.: ¿El camino político?

F. E. M.: Completamente. Y para muchas otras cosas. Usted entiende bien que si han puesto a un abogado miembro del gabinete político del presidente en un puesto de decisión del ASE es porque es un puesto clave para distribuir el «capital» [...], es decir, el equivalente a los ingresos de un empleo. Entonces la frasecita «Elegimos a las familias más competentes para la educación de los niños, y bla, bla, bla», a otros. [...] Yo regresé al pueblo hace diez años, después de una carrera en L., donde vi cómo trabajaban de verdad con los pequeños, o sea que a mí no me engañan. [...] Las educadoras hacen lo que pueden, están agotadas: demasiados niños en demasiados pueblos, y luego, si denuncian a una familia, avisamos inmediatamente al consejero en cuestión, a través del consejero general.

A. T.: ¿Cree que es así?

F. E. M.: ¡No, no! Una historia reciente: ubicaron a una pequeña de 10 años en una familia mitad desempleada y mitad chatarreros; pero buenos pegadores de carteles para cuando llegue el momento. [...] Un día, hace dos meses, les hicimos una visita, con una educadora a la que no le gustaba mucho esta familia; el abuelo, sin moverse de una silla en el jardín, llamó a la pequeña, le pellizcó la nalga y dijo riendo: «¿Cómo quieren que con un culito así a los 11 años no se gane la vida?». Gran risotada del abuelo y de la niña. [...] La educadora salió enferma de vergüenza.

A. T.: ¿Y usted?

F. E. M.: Yo sabía que esta familia recibe la visita amistosa del presidente del Consejo General cada vez que pasa por el pueblo. Entonces [...] ¿para qué hacer un informe? Te dicen que te has cambiado de rumbo político y sabes que no te quedará nada. [...] Lo molesto de este sistema es que las familias de acogida, sobre todo las que dependen del dinero del pequeño puesto a su cuidado, esconden a los fugitivos y a los demás, por miedo a ser ellos también descubiertos y perder sus ingresos. ¡Porque todavía hay, en los centros sociales del departamento, ejecutivos que «asestan un golpe»! Así que nosotros, en el Ayuntamiento, perfil bajo, silencio.

A. T.: Y las familias de acogida, ¿no tienen ningún ingreso más que el subsidio para el cuidado de los pequeños?

F. E. M.: Le he dado un ejemplo que no debería serlo y que hace dudar de todo el sistema. Pero podría haberle hablado de casa de los F., agricultores, que siempre han hecho todo lo posible por los niños a su cargo. Pero todos deberían ser como ellos; y eso está lejos de ser así. He visto demasiadas situaciones en las que, cuando el niño acogido es muy pequeño, se le considera hijo de la pareja, y luego, un año después de la mayoría de edad, se le rechaza por miedo a que «se aferre», ya no les proporciona ningún beneficio. Familias como la primera, hay otras: por ejemplo, las que devuelven el préstamo para construirse la casa gracias a la compensación por los niños a cargo. Siguen al pie de la letra las indicaciones políticas, pero esconden todos los problemas de los niños por miedo a no poder pagar más los plazos. En este tipo de casos, el consejero te dice: «Tienen un salario, ¿no?». Y, bueno, sí…

A. T.: ¿Niños?

F. E. M.: Sí, porque estas familias son las que consiguen que les coloquen a dos niños, a veces incluso a tres. Allí se les considera ricos. Pero, claro, en la que pienso, que vive en [...], había un chico que vendía droga en la escuela y que se pavoneaba de hacérselo con personas mayores. Cuando estalló el escándalo y se habló de ir a juicio, la familia de acogida rápidamente cambió la propiedad de su casa a su hija adulta. El ejecutivo de Perpiñán llegó de inmediato, fue a ver al alcalde y a otras personas que habían declarado y todos cerramos la boca ante las amenazas.

Luego, ya sin frenos, la conversación derivó hacia las peores descripciones... «Mafias», *omertà*, etc., surgieron con frecuencia.

Intentamos contactar con la educadora; se encontraba de baja, no por el caso denunciado, sino por la acumulación de cansancio y de impotencia profesional. La tasa de bajas por enfermedad entre el personal de campo del ASE 66 era entonces anormalmente alta: nos encontramos con siete educadores y educadoras de baja por enfermedad o recién jubilados. Las descripciones del diputado municipal se enriquecieron con una letanía de casos: se había llevado a cabo la misma gestión política clientelista.

Realizamos una encuesta entre funcionarios electos de treinta y nueve municipios rurales de doscientos a dos mil habitantes: uno por municipio entre la mayoría municipal. Veintitrés funcionarios electos (59 % de la muestra) nos presentaron la colocación de niños como una necesidad económica legítima para las familias de acogida pobres. Pudimos constatar que estas familias de acogida y estos funcionarios electos eran políticamente muy cercanos al ejecutivo departamental. Entre ellos, doce cargos electos, que se habían enfrentado a acontecimientos escandalosos (abandono de la escuela por trabajo familiar, consumo de drogas, desapariciones no denunciadas de adolescentes de ambos sexos durante una semana o varios fines de semana, etc.), declararon «que no habían enviado los informes a sus superiores» porque en realidad serían las familias de acogida honestas las que serían víctimas de «estas malas semillas»... Ocho cargos electos (20 % de la muestra), de diferentes posiciones políticas, por el contrario, se mostraron preocupados por la función educativa de las familias de acogida y por el desarrollo de los jóvenes en acogida. Con los educadores del

ASE responsables del seguimiento de los menores, pudimos verificar la valoración positiva de ocho municipios y las dificultades, el desgaste, por tener que hacer el seguimiento de los casos de los otros veintitrés municipios. Varios de estos educadores de ambos sexos nos informaron de que los «responsables políticos miembros del Consejo Departamental» (antes General) se habían negado a recibir sus informes. Varios más nos contaron el agotamiento que sentían a causa de estos puestos profesionales tan difíciles. Algunos de ellos y ellas nos contaron su decepción por el traspaso de la responsabilidad estatal (DDASS) a la supervisión de los funcionarios electos cantonales: «Fue un magnífico regalo para los consejeros departamentales cuyo poder sobre los habitantes de su cantón estaba "lejos". Ahora, siempre que tuvieran la mayoría adecuada, tenían acceso a familias completamente sumisas» (educadora, cantón de Prades).

El cerco local: las rivalidades clientelares de los círculos políticos – evolución del papel del clientelismo político en los Pirineos Orientales (1980-2000)

La institución del clientelismo político es una antigua forma de gobierno en este departamento y más allá: su ejercicio principal se basaba en el acceso de los jóvenes al empleo. En el departamento, la movilidad profesional desde los pueblos hasta la prefectura de Perpiñán se realizó frecuentemente gracias a los funcionarios electos municipales y cantonales; un estudio realizado en 1995 muestra el papel de intermediarios de estos cargos electos locales no solo para los puestos de trabajo en los servicios públicos, sino sobre todo en los comercios y las empresas. La recomendación de un funcionario electo constituye un certificado de moralidad y se presenta como una parte esencial del *curriculum vitae*: «Es un joven de buena familia» es la expresión al uso. Los diputados y los cargos electos regionales completan este primer dispositivo, especialmente si han tenido un papel importante en una empresa pública o privada de una gran ciudad durante su carrera antes de ser electos. Así pues, esto implica la movilidad fuera del departamento, especialmente para los jóvenes graduados. El proceso es similar al que se realiza en el ámbito local: la certificación de la buena moralidad. Así funcionaba un sistema de movilidad para el empleo, un «ascensor» social, inspirado en la organización política territorial francesa, los principales destinos de la cual expresaban la jerarquía político-territorial de las ciudades, con obviamente la región parisina como destino final fuera del departamento.

A partir de ahora, desde los años 2000, es el acceso a la RMI [Renta Mínima de Inserción], y luego a la RSA [Renta de Solidaridad Activa], es decir, el reparto local de la pobreza, lo que se pide al funcionario electo. La asignación de unos ingresos vinculados al cuidado de un niño bajo protección departamental es uno de los subsidios clientelares más populares. Sin embargo, en contra de esta evolución, se hizo evidente un fenómeno ya antiguo, pero invisible en los años 1990: los jóvenes magrebíes, en espacial los marroquíes, niños y niñas, mantienen una elevada tasa de movilidad profesional nacional e internacional, facilitada por la expansión y la dispersión familiar de las migraciones y no a través de los clásicos relevos políticos. Los transmigrantes marroquíes se están convirtiendo en un recurso de movilidad profesional más buscado que la protección de los notables locales.

La división política entre el municipio de Perpiñán de derechas, de extrema derecha desde 2020, y el Consejo General de izquierdas, a causa de la implantación dominante de sindicatos «clientelizados», la CFDT [Confederación Francesa Democrática del Trabajo] por un lado y la FO [Fuerza Obrera] por el otro, a finales de los años 1990, exacerba la competencia entre dos formas clientelistas dominantes.

El clientelismo comunitario...[96]

... y su variante étnica, característica del municipio de Perpiñán, desarrollada en los años 1970 por el alcalde Paul Alduy, y a la que en un principio se opuso su hijo, el alcalde que le sucedió en 1994, Jean-Paul Alduy. Este último se distanció de estas prácticas y creó el grupo político Oxygène, pero los círculos formados por Paul Alduy, que contribuyeron a su elección, presentes en la mayoría municipal, mantuvieron un control clientelista: en particular, las poblaciones gitanas de los asentamientos urbanos compactos fueron las primeras afectadas, y luego, antes del colapso del sistema, después de 2005, los musulmanes. Cada una de estas poblaciones tiene sus contactos municipales y los que se adhieren a esta gobernanza obtienen algunos puestos de trabajo, algunas subvenciones para las asociaciones, etc.[97] Esta forma de

---

96. Véase Dominique Sistach, «La fragmentation politique de la société perpignanaise; clientélisme, identitarisme, communautarisme», *Ruixat*, núm. 2, 2013, pp. 17-44.

97. Jean-Paul Alduy, ex senador-alcalde, consciente de los males del clientelismo municipal, planeó una gestión política por parte de «Archipel». Proyecto explicado de manera muy clara en Jean-Paul Alduy y Alain Tarrius, *Perpignan, laboratoire social et urbain*, 2018, *op. cit.*

clientelismo es la más evidente para todos los habitantes: identificar a los últimos beneficiarios de las subvenciones es un tema recurrente en las conversaciones de Perpiñán. Tanto en las sociales de los cafés-restaurantes que al mediodía sirven comidas a una miscelánea de empleados comerciales, ejecutivos administrativos y abogados del centro de la ciudad, como en las interesantes producciones universitarias que analizan finamente el juego de las «sillas musicales»[98] clientelistas durante el período electoral.[99]

Las poblaciones gitanas suelen ser designadas como matrices del clientelismo municipal: las relaciones entre municipios y comunidades gitanas catalanas[100] caracterizarían un modelo clientelista ineludible, ya sea de izquierdas, en el municipio de Millas, o de derechas, en Perpiñán. Las anécdotas abundan: pantuflas rectas y un top de pijama en Millas, bastión de la izquierda, antes de las elecciones, son los complementos según los resultados; en Perpiñán pasaríamos al patinete, incluso al *scooter*, y al frigorífico, mediante subvenciones a las asociaciones. Estas imágenes impactan en la imaginación y bastan para limitar el clientelismo a una relación con el otro, con el diferente, con el «extranjero» sin autonomía, en busca de un protector poderoso. Se trata de una representación en-

98. Tema recurrente de la investigación de Roger Waldinger sobre la sucesión urbana de las comunidades étnicas.

99. Monique Ariño, «La république des "beaux-frères"», *Ruixat*, núm. 2, 2013, pp. 15-22. Y en particular: Dominique Sistach, «La fragmentation politique de la societé perpignanaise», art. citado.

100. Nótese las notables producciones de David Giband (2014) y Nicolas Lebourg (2016), esenciales para comprender el futuro económico y político local. También Nicolas Marty (2019) y Raymond Sala (2021) para la catalanidad.

gañosa: la dignidad de las comunidades gitanas es grande y desafía los intentos de captura política de estos otros poderosos, a su vez tan dependientes. Este proceso lo expone de forma muy sencilla Albert Camus al describir *la dialéctica entre amo y esclavo*. A veces, incluso las dependencias clientelistas entre «diferentes», «otros», se ponen en competición: como en el caso del nuevo director del ejecutivo departamental en los años 2000, que, durante su primera visita al distrito de Saint-Jacques de Perpiñán, respondió a los gitanos que le interpelaban: «Si no quieren mis propuestas, serán los de allí [los árabes] quienes lo tendrán todo». Ninguna reacción pública al leer el reportaje periodístico que informaba de lo siguiente: el líder reina sobre los «diferentes», sobre los «otros». Ante mi indignación, el director respondió, durante una reunión en Prades: «Yo, a los intelectuales los quemo». Gran amigo de un ministro del Interior que insultó públicamente al pueblo gitano negándoles su europeidad.[101]

De hecho, la designación pública de los «alter»[102] como objetos del clientelismo tiene la función teatral de reducir estas relaciones de dominación a poblaciones declaradas «extranjeras». Pero esto no es así; estas relaciones clientelistas conciernen a los seres queridos, a los semejantes, a todos: en esta ciudad y en este departamento, donde la pobreza y las dependencias que esta crea para el futuro de los hijos, la manutención de los padres, la multiplicación de las tragedias familiares, vastos colectivos de barrios, de familias, buscan migajas de esperanza de la mano de los funcionarios electos. Los ejecutivos juegan con estas de-

---

101. Manuel Valls, septiembre de 2015. Esta afirmación le valió una denuncia de la Ligue des droits de l'Homme.
102. En el siglo xv ya se habla de gitanos en Cataluña...

pendencias y establecen vínculos clientelistas en el corazón de estos colectivos cercanos a través del «clientelismo de contención».

Una población clave irredenta con el clientelismo comunitario local

En 2000, en Perpiñán, al igual que en el resto de Francia, los cargos electos pasaron de designar por su nacionalidad a las poblaciones originarias del Magreb a la utilización de una especie de denominación colectiva comunitaria étnico-religiosa, los «musulmanes», «nuestros musulmanes»; «mis musulmanes», dicen muchos funcionarios electos, expresión que borra la gran complejidad de las historias nacionales, de las relaciones singulares con el poder colonial, y que borra también discursivamente las muy reales oposiciones entre las subpoblaciones clientelares como por ejemplo los *pieds-noirs*, los *harkis*, los magrebíes nacionales o incluso regionales, etc. Este cambio semántico autorizó el despliegue de prácticas clientelistas globales hacia estas poblaciones:[103] la construcción de mezquitas, la presencia de representantes en el equipo municipal, pero borrando al mismo tiempo las singularidades políticas de los nuevos elegidos promoviendo una práctica musulmana colectiva... En 2005, mientras un grave conflicto, fuente de abusos, enfrentaba a gitanos y musulmanes en el centro de la ciudad, los imanes, convocados por el Ayuntamiento, fueron apedreados por jóvenes inmigrantes franceses que

---

103. Rachid Id Yassine, *Musulman et Catalan, une identité incertaine? Enquête quantitative sur les représentations de l'Islam en Pyrénées-Orientales*, Canet-en-Roussillon, Trabucaire, 2014, p. 133.

se negaban a una asimilación arbitraria al concepto «mis musulmanes» propio del clientelismo tanto municipal como departamental. De hecho, los funcionarios electos no entienden que estas poblaciones *afirman tener redes familiares transnacionales* y aspiran a ingresar en sectores profesionales abiertos por la migración transnacional. Por ejemplo, su movilidad fuera del departamento para buscar trabajo, facilitada por las dispersiones migratorias familiares[104] y por el territorio circulatorio «entre pobres», fue significativamente mayor que la de otros residentes locales sensibles, en su inmovilización, al clientelismo de contención. Los gráficos siguientes proporcionarán información sobre la situación residencial de las poblaciones marroquíes. Los traslados nacionales e internacionales los designan como un «pueblo europeo sin nación»,[105] idéntico a las poblaciones turcas en el eje Turquía-Alemania-Bélgica.

Desde 1991, y cada vez en mayor número, los comerciantes «nómadas» marroquíes, las hormigas del comercio internacional, viajan ida y vuelta desde Marruecos a Bélgica, Alemania, etc. (tabla 4): si en 1991 mil setecientos comerciantes marroquíes transmigrantes pasaron por Perpiñán y encontraron, a lo largo de sus viajes transeuropeos, a cinco mil quinientos inmigrantes sedentarios (tabla 4), en 2007 fueron más de cuarenta mil comerciantes nómadas con doscientas setenta y dos mil parejas sedentarias, entre ellas cinco mil quinientos marroquíes residentes en el departamento de los Pirineos Orientales.

---

104. Fatima Qacha, «Réseaux "de confiance" au Maroc central», *Plein droit*, núm. 84, 2010/1, pp. 17-20.

105. Alain Tarrius, «Les nomades de la mondialisation», 2013, art. citado, pp. 42-43; y *CNRS le journal*, Quarterly, núm. 32, enero de 2014.

Estos no esperaron para crear, a partir de 1995, empresas dinámicas en el barrio de Saint-Jacques, en el centro de Perpiñán, abastecidas por comerciantes transmigrantes. Una ciudad de viviendas sociales, que agrupaba a ciento veinte familias, tenía entonces noventa socios en rotaciones comerciales con España y Marruecos, Alemania o Italia... Las disputas clientelistas comunitarias en la zona de Perpiñán no podían preocupar a la población marroquí, como tampoco a los argelinos del oeste (desde Orán hasta la frontera) asociados al comercio «hormiga» marroquí de esta globalización entre pobres a partir de Alicante. Después de 2005, el clientelismo comunitario se derrumbó en Perpiñán. La dependencia de los gitanos, gestionada desde 1971 por el municipio, siguió rápidamente el mismo camino. Esta retirada redobló el apetito del Consejo General, que se presentó entonces como el vencedor, el único que podía captar clientela. Pero debieron desilusionarse rápidamente, porque los identitaristas electos del Frente Nacional local también estaban atentos... y, siendo expertos en divisiones identitarias, obtuvieron varios éxitos electorales con los gitanos, a quienes enfrentaron con los marroquíes, lo que reforzó de nuevo la repulsión que estos últimos sentían por los tejemanejes locales. En 2020, Louis Aliot, líder local y nacional de Rassemblement National, fue elegido alcalde de Perpiñán: inmediatamente, algunos antiguos dirigentes de estructuras (particularmente culturales) se unieron a él...[106]

---

106. Leeremos los trabajos de Nicolas Lebourg, un analista bien informado, sobre el Front a lo largo de la década de 2010, y luego sobre Rassemblement National en Perpiñán y la extrema derecha europea.

Tabla 3. Marroquíes residentes en el departamento
de los Pirineos Orientales

	1962	1968	1975	1982	1990	2010
Población marroquí de los Pirineos Orientales	26	576	1.545	2.068	3.198	5.853

Tabla 4. Número de vehículos de marroquíes que transitan
por el departamento (transmigrantes del comercio poor to poor)
y personas residentes en Lyon, Toulon, Marsella,
Toulouse y Perpiñán vinculadas a estos viajeros

	1991	1993	1995	2007
Vehículos = transmigrantes del comercio *poor to poor*	1.700	17.200	42.000	40.800
Socios sedentarios marroquíes PACA, Languedoc-Rosellón, España y Marruecos	5.500	63.000	190.000	272.000

Fuentes: Investigaciones del autor en *La remontée des Sud,* 2007, *op. cit.*

Tabla 5. Marroquíes residentes en el extranjero (MRE)
en siete naciones europeas en 2008 y 2013

	1990-2001	2008	2013
Francia	742.000	1.131.000	1.146.652
España	231.000	547.000	671.669
Italia	116.000	380.000	486.958
Bélgica	205.000	285.000	297.919
Países Bajos	108.000	278.000	264.909
Alemania	87.000	130.000	125.954
Suiza	5.700	8.000	8.990
TOTAL	**1.494.700**	**2.642.000**	**2642.000**

2008 y 2013: ministerio responsable de los marroquíes residentes en el extranjero y de los Asuntos de la Migración. Comunicado por Abdallah Frimi, estudiante de doctorado, 1991-2001. Fundación Hassan II para los marroquíes residentes en el extranjero. 520.000 marroquíes se establecieron en estas siete naciones antes de 1990.

Tabla 6. Movilidad de los jóvenes de 18 a 25 años en los Pirineos
Orientales y más allá para el empleo (excluidos los estudios)
en % por población «vieja catalana» local, población francesa
de nuevos residentes, binacionales franco-marroquíes sedentarios

	sexo/año	Movilidad interdepar- tamental	Movilidad regional	Movilidad en toda Francia
Población «vieja catalana»	Niñas - 2004	18 %	12 %	7 %
	Niños - 2004	12 %	8,5 %	1,4 %
Población nuevos residentes franceses	Niñas - 2006	21 %	17 %	10,5 %
	Niños - 2006	20 %	14,5 %	7 %
Binacionales Marruecos- Francia	Niñas - 2005	17 %	29 %	47 %
	Niños - 2005	14 %	25,5 %	32 %

El clientelismo transversal en las diversas formas urbanas del departamento

Las misiones que la descentralización departamental del Estado delega en el Consejo General le confieren poderes casi reales. «Tomados» por la izquierda durante los años 1990-2000, los importantes servicios administrativos de la salud, la asistencia social, la cultura e incluso los servicios técnicos fueron reformateados por el nuevo poder. Los miembros del partido, combinados con un sindicato nacional interno, formaron la columna vertebral «moral» del nuevo ejecutivo departamental.[107] Se creó una especie de entidad política departamental absolutista, un espacio donde cualquier desafío al poder —élites, pueblo, activistas— es objeto de amenazas y exclusiones. Así, volviendo a nuestra investigación, el Consejo General, asociado al Consejo Regional por el mismo presidente, tras la muerte de Georges Frêche, proveedor de financiación para la investigación para la ocasión, hizo llevar a cabo, como ya hemos mencionado, un estudio sobre la prostitución en La Junquera cuyo objetivo final no era otro —con un coste muy elevado y siguiendo métodos de investigación especialmente cuestionables— que la promoción nacional de una diputada muy cercana al ejecutivo departamental. El Consejo General (departamental) tiene en su seno o bajo su control, a través de subsidios, la formación, los empleos, a los peritos jurídicos, psiquiátricos, administrativos, a los mediadores, y controla las posibles vías de recurso contra sus decisiones y, ocasionalmente, a los responsables de estudios de una especie de investigación pública local

---

107. Doce entrevistas con personal directivo de los «servicios descentralizados».

lucrativa. Esto es lo que denominamos, según la expresión de Michel Foucault, como el «panóptico departamental» o, según la de Yves Barel, la «microrreproducción absolutista» (la Stasi de la RDA en los años 1970-1980).

El nepotismo, clientelismo transversal en las dos formas descritas, caracteriza sectores enteros de la acción de los dos ejecutivos

Los funcionarios electos, municipales y departamentales, encargados de supervisar tal o cual servicio, alientan el reclutamiento de sus familiares más cercanos, parientes o amigos, en diversos trabajos que refuerzan aún más las dependencias clientelistas. No nos detendremos en los estragos causados por esta manera de gobernar: habilidades usadas en exceso, trayectorias profesionales arbitrarias, etc. Se contrató a personas ajenas al departamento para ocupar puestos de alta responsabilidad. Su dimisión se produjo cuando el consejero departamental responsable político de este sector los llamó de nuevo al orden porque habían intentado imprudentemente reasignar al personal según sus verdaderas competencias: el sector de acción cultural es aficionado a este tipo de situaciones; en el caso de la acción social, el problema se resolvió con el traspaso de la responsabilidad estatal (DDASS) a la departamental (ASE) y, posteriormente, con el nombramiento de un abogado estrechamente relacionado con el presidente del ejecutivo departamental, miembro de su gabinete político, para un cargo de dirección estratégica. Aquí es donde el recinto *panóptico* está más bien logrado. Fue este servicio departamental el que se convirtió en la herramienta preferida para la distribución de «ingresos - niños adoptivos» a las familias necesitadas y, obviamente, también a los alcaldes locales clientelistas. Disponemos de doce entrevistas grabadas.

En junio de 2014, los proyectos gubernamentales para dislocar a los ejecutivos departamentales produjeron efectos locales: intensificación de las luchas internas entre las tendencias localistas de los partidos y los sindicatos que ejercen políticas clientelistas y las tendencias nacionales que desean luchar contra lo que ellas califican como derivas peligrosas. El presidente del Consejo Regional de Languedoc-Rosellón, expresidente del Consejo General de los Pirineos Orientales, presidente en funciones tras la muerte de Georges Frêche, y gran organizador del clientelismo local, convence a sus compañeros y asociados de los riesgos de una «absorción deshonesta» de su región de Languedoc-Rosellón por parte de la de Midi-Pirineos, bajo el nombre de «Occitania». ¿De qué otra manera podría analizar el futuro de su institución?

Entrevista, el 23 de junio de 2016, a un cargo electo departamental, responsable de un sector social que abandona a la mayoría y, en consecuencia, es «placado»:

La situación actual, y las inmensas injusticias que causa a los más dependientes, también nos devoran personalmente. Yo no sé en qué se traducirán los cambios previsibles, pero el miedo se está apoderando de las poblaciones implicadas en el sistema B., es decir, de muchos habitantes de este departamento. «Ellos» ya están difundiendo el rumor de que los tolosanos les robarán las subvenciones a las asociaciones, de que los desempleados serán deportados de aquí para ir a trabajar en lo que sea allí abajo... En los servicios del Departamento, un sindicato de la oposición —sí, eso existe—, hace correr el rumor de que las cuñadas, los yernos, etc., de los cargos electos deberán identificarse.

En 2020 se manifiestan los mismos temores tras el nombramiento como primer ministro de Jean Castex, exalcalde y consejero departamental de Prades: Castex denunció el clientelismo imperante en el Consejo Departamental y basó su acción local en el tándem prefecto (Estado)/alcalde, sin mencionar al intermediario cantonal ni, en consecuencia, al ejecutivo departamental.

El clientelismo de contención, cualquiera que sea su forma, ha contribuido a dividir a las poblaciones de este departamento y de su capital en múltiples clientelas cuyo acceso a los escasos subsidios públicos las enfrenta en conflictos incesantes. En este contexto, la energía que los ejecutivos gastan en gestionar los conflictos entre los socios que ellos mismos han creado los aleja de los propósitos de la acción pública.

Otra forma social, con un control aún mejor de la lógica clientelista, sus *omertàs* y su violencia, pero con recursos financieros infinitamente mayores, utiliza este contexto para imponerse en este departamento: se trata de los círculos criminales ruso-italianos, situados en el Levante ibérico pero que disponen de etapas centrales, incluidas La Junquera y Sitges en Cataluña. El ir y venir de las mujeres balcánicas, que se exponen a partir de La Junquera, localidad fronteriza española, y el flujo de camioneros internacionales, es conocido por todos los catalanes, Francia al norte y España al sur.

Una vez más, el territorio circulatorio, predominantemente marroquí, representa un distanciamiento beneficioso para las poblaciones magrebíes presentes en este departamento. Y, obviamente, los poderes políticos locales guardan silencio sobre esta nueva dimensión de las asociaciones sociales y económicas.

Integración de Perpiñán en el área moral o espacio de moral criminal del sur de Cataluña

Un caldo de cultivo de la prostitución en Perpiñán

Lo que puede parecer un desvío local, mientras investigábamos a las mujeres balcánicas y caucásicas que cruzan la frontera española, demostró ser una información muy instructiva para comprender las modalidades de expansión de la red criminal que va desde La Junquera hasta Francia. Nosotros seguimos, interpelados por el terreno, la pista de la exposición de los niños vulnerables puestos bajo la protección del ASE, que, en nuestras investigaciones, habían resultado ser las primeras víctimas de las nuevas distribuciones de drogas sintéticas. Rápidamente, identificamos el vínculo entre el consumo de psicotrópicos por parte de estos menores de ambos sexos y sus primeros actos de prostitución. La información dada por doce de ellos y ellas nos permitió conocer a cuarenta y nueve chicos y chicas de 18 a 25 años que habían estado colocados durante al menos diez años bajo la tutela del ASE antes de su mayoría de edad. Doce de ellos, ocho chicos y cuatro chicas, es decir, el 24,5 %, practicaban la prostitución de «bosquecillo» en Perpiñán y sus alrededores, y treinta y dos, el 65 %, consumían drogas ilícitas. Los trabajadores sociales del ASE, al ser cuestionados sobre esta importante proporción de drogadictos y prostituidos de ambos sexos entre los niños «protegidos», dan la culpa a los orígenes familiares de que no hubiera habido ningún propósito

Tabla 7. Encuestas actuales 2018, 2019-2020

Orígenes	Efectivos		Chica/ Chico Transexual	Debut 16/+16	+15 días/año en Sitges (G)		+15 días/año en un puticlub (F)	
	2014	2019			2018	2019-2020	2018	2019-2020
Origen dep. 66	75: 49,7 %	94: 51 %	29/46 de los cuales 2 trans.	F = 13/16 G = 31/15	30 *2014*	40 *2019*	17 *2014*	28 *2019*
De los cuales ASE dep. 66	52	83			22	31	NA	22
Otros Franceses	15: 12,5 %	36: 19 %	4/11 de los cuales 1 trans.	F = ?	5		1	
Extranjeros europeos	14: 9 %	11: 6 %	4/10	?	6		2	
Extranjeros balcánicos/ caucásicos	12: 7,7 %	5: 3 %	11/1	?	1		8	
Extranjeros magrebíes	31: 19,8 %	18: 10 %	6/25 de los cuales 1 trans.	F = ? G = 18/7	15		2	
Extranjeros sudameri-canos	9: 5,7 %	19: 11 %	2/7 de los cuales 3 trans.	F = ? G = 8/1	7		2	
TOTAL	**156**	**183**			**64**		**32**	

Fuente: Cinco estudiantes investigadores, antropólogos y sociólogos de las universidades de Barcelona y Toulouse II, nivel Bac + 6.

Tabla 8. Consumo de drogas entre los jóvenes prostituidos
de ambos sexos en Perpiñán de 18 a 30 años

Efectivos totales 172	Chicas prostituidas	Chicos prostituidos	Cannabis A: marroquí B: local	C: anfetaminas D: meta E: éxtasis	Cocaínas y derivados	Heroína morfina
13-15 años	8		2 B	0	0	0
		12	3 B	4 D 3 C	0	0
16-17 años	7		1 A 3 B	3 C	0	0
		11	3 A 3 B	6 D 4 C 2 E	0	2
18-19 años	6		2 A	3 C 2 E	1	2
		13	8 A	8 C 3 D 4 E	2	1
20-21 años	9		4 A	5 C	4	0
		35	12 A	11 C 7 E	12	5
22-25 años	7		1	5 C	4	1
		21	10 A	8 C 3 E	0	4
26-30 años	14		3	12 C	10	2
		29	0	12 C 8 D	14	8
TOTAL	51	121	55 de los cuales 11 B	112 (21 D/ 73 C/18 E)	47	25

Fuente: Encuestas de los autores para el programa LabEx SMS Mobilités, réseaux, migrations, LISST UTM-CNRS-EHESS, último trimestre de 2013 y 2014.

educativo, y no se asumió ninguna responsabilidad pública. A partir de entonces sistematizamos nuestras investigaciones.[108]

Las tablas 7 y 8 relativas a la prostitución en bosquecillo de jóvenes de 18 a 25 años en Perpiñán y a la prostitución de jóvenes de 13 a 30 años, en las mismas condiciones de ejercicio, ligada al consumo de psicotrópicos, resumen nuestras investigaciones. Leerlos es muy instructivo. Por nuestra parte, a efectos de este capítulo, señalaremos el número de chicos que pasan al menos quince días al año en Sitges, un centro europeo de prostitución: treinta y cuatro, o casi uno de cada dos chicos prostituidos. Este contingente crece cada año y proporciona una *turn-over* desde los bosques de Perpiñán a las carreras internacionales de *escort boy*.

Veintitrés chicos de entre 13 y 17 años, incluidos quince menores bajo supervisión departamental realizan «estancias» de un fin de semana a una semana en Sitges. Las organizan dos agencias que gestionan los mismos círculos que los clubes de prostitución femeninos. En el mismo año, trece mujeres jóvenes pasaron más de quince días en clubes de prostitución. Esta primera presentación se complementa con una encuesta de 2019 sobre los mismos lugares y las mismas edades.

Del enclave criminal de La Junquera al territorio de moral transfronterizo sur y del norte de Cataluña

La frontera franco-española crea una discontinuidad formal entre las dos naciones: la organización de los eje-

---

108. Cada año, de 2014 a 2020: investigadores de ambos sexos Bac + 6 de Toulouse y Barcelona («cursos metodológicos»).

cutivos políticos, locales o globales es diferente y las leyes, aunque similares para el tráfico y el uso de drogas psicotrópicas, y también similares para la trata de mujeres, son opuestas para el ejercicio de la prostitución. En el nivel subterráneo de las actividades criminales, que nos negamos a calificar de «informales» ya que están organizadas, una unidad de tráfico de drogas psicotrópicas es eficaz, como así lo indica la movilidad espacial de los traficantes y usuarios, de Barcelona a Andorra y Perpiñán (mapa 2): la producción de drogas sintéticas se sitúa en Barcelona y su distribución, a través de los clubes de prostitución españoles y la ruta andorrana, irriga todo este espacio, incluyendo algunos pasos a través del Valle de Arán (corte de cocaína).

En el caso de la prostitución, la organización es diferente: en el mismo espacio, fuertes especializaciones sectoriales unifican el territorio transfronterizo, pero crean la ilusión de una división fronteriza de conformidad con las legislaciones nacionales. Los clientes de las prostitutas se desplazan desde la totalidad del territorio transfronterizo hacia La Junquera, reforzando así la lógica de especialización criminal de las drogas psicotrópicas. El departamento de los Pirineos Orientales está, más funcionalmente, agregado al conjunto a través de la creación y el desarrollo de un vivero de prostitución cosmopolita de jóvenes locales, especialmente provenientes de estancias largas bajo protección departamental, y de jóvenes de diversos orígenes nacionales (tabla 7): sus trayectorias, después del «aprendizaje en los bosquecillos», conducen a las chicas hacia los clubes españoles y a los chicos hacia el centro de prostitución masculina homosexual de Sitges, y luego hacia algunos clubes de prostitución masculina y redes europeas de *escort boys*. Esta segunda centralidad introduce a los jóvenes de Perpiñán, a menudo a partir de los 12 y 13 años (tablas 7 y 8), en las redes internacionales de prostitución europeas. La zona de los Pirineos Orientales está bien integrada con la del Levante ibérico a través de las actividades criminales internacionales de la globalización criminal.

El tema de la vinculación de Perpiñán y su departamento a los principales ejes de la globalización económica y cultural legal, expresada por los cargos electos locales en sus programas políticos, se lleva a cabo... a través de los operadores de la globalización desde abajo, incluidos sus socios criminales.

En junio de 2019 conocimos a una pareja de adolescentes, de 18 años ella y 19 él, que se habían prostituido ocasionalmente desde los 13 y 15 años, mientras estaban bajo la «protección» del ASE. En 2019, pues, entraron en la red de los clubes de prostitución. Ella, en un club cercano a La Junquera; él, como *escort* internacional y trabajador sexual en un club de hombres cerca de la frontera. Vivían en un piso compartido y esperaban poder comprar un bar-restaurante en Perpiñán tan pronto como dispusieran del capital común suficiente. Por tanto, preveían, razonablemente, «trabajar» unos dos o tres años.[109] Esta situación de desarrollar un proyecto de prostitución durante la adolescencia es rara: tiene sus raíces en un proyecto llevado a cabo desde los 13 años. A sus 18 años son una pareja de «profesionales». Por otro lado, la mayoría de los adolescentes de ambos sexos que conocimos aban-

---

109. Esta situación se expone en el capítulo 5 de Raymond Sala, Alain Tarrius y Joan Becat, *Un millénaire de cosmopolitismes féminins à Perpignan et à ses frontières*, 2021, *op. cit.*

donan muy rápidamente cualquier plan de futuro, incluso si se trata de la prostitución. Después de que su familia de acogida los expulse,[110] los jóvenes a menudo siguen experimentando la ilusión de una adopción. El despertar alrededor de los 17 años es duro. Abandonan sus estudios prematuramente. Viven con sordidez la prostitución en los bosquecillos. «Abandonados» a la vida, sin nada, después de tantos años de protección, de ilusiones; sintiéndose culpables durante sus últimos meses de «protección», afrontan el futuro como grandes perdedores. Las salidas hacia los puticlubs son el último recurso. Y, a menudo, las desapariciones en la oscuridad de la pobreza ocurren muy rápido.

La agregación de Perpiñán y su departamento al área moral

Los Pirineos Orientales han «heredado», en estas divisiones, un estatuto original en materia de prostitución y drogas psicotrópicas; ninguna mujer balcánico-caucásica en las carreteras, en las zonas de descanso de las autopistas o en las afueras de Perpiñán, lo que sugeriría la evidencia de una «conquista» del espacio más cercano a La Junquera: ese negocio comienza en el vecino Aude, en Port-la-Nouvelle y La Palme (estación descendente). Por otra parte, los georgianos y los albaneses controlan la distribución de las drogas psicotrópicas más rentables bajo condiciones de suministro ruso-italianas: los opiáceos, especialmente la heroína. Y, tras los acuerdos con

---

110. En una cohorte de treinta y un adolescentes de ambos sexos mayores de 18 años, veintiséis conflictos desembocaron en la expulsión de «casi la mayoría».

los latinoamericanos, la cocaína. Los jefes de los micromedios criminales locales «caen», ya que la policía, en estos contextos de guerra entre clanes criminales, multiplica su eficacia.

Es la manifestación de la victoria de la Sacra Corona Unita, con la 'Ndrangheta y el Dniéper sobre la Camorra napolitana para la trata de mujeres, que impone su ausencia en los Pirineos Orientales: pero, evidentemente, para disimular mejor su control sobre los traficantes de la heroína procedente del Medio Oriente y de la Europa del Este y de la cocaína sudamericana. Así, el sector de la Camorra fue rápidamente derrocado, es decir, este fue el resultado del largo conflicto de Marsella (una muerte violenta al mes): los principales traficantes locales se unieron a la nueva mafia ruso-italiana, bajo la presión de los secuaces georgianos y albaneses presentes en los puticlubs españoles, para convertirse en exportadores regionales hacia Montpellier y Toulouse; se obligó a los pequeños traficantes a vender psicofármacos químicos producidos a menudo en el noreste de Barcelona; a causa de los bajos retornos, necesitaron expandir el mercado hacia los adolescentes.

El precio que pagar, sin embargo, se vuelve muy alto cuando observamos que los nuevos «dueños» de las redes conceden a los pequeños distribuidores locales todo el comercio de hierbas, resinas y derivados, que son distribuciones familiares o artesanales procedentes de Marruecos y de algunos productores locales, y especialmente el de las «drogas sintéticas», anfetaminas y metanfetaminas, bencedrina, ketamina, *speed*, MDMA, nuevos productos sintéticos (NPS), etc. Estas drogas psicotrópicas baratas, pero peligrosas para la salud, están disponibles para los «pequeños traficantes» de los pueblos y localidades del departamento. Como los beneficios son mucho menores, se ven obligados a distribuirlas entre los adolescentes de las escuelas, los institutos y los centros de formación. Entre la caída de las inversiones locales provocada por las inversiones rentistas en los clubes españoles y la invasión de las drogas, la intervención de las redes criminales adscritas al territorio circulatorio del norte del Mediterráneo resulta desestabilizadora para el departamento y su capital. Y la *omertà* política clientelista departamental, resultado de la contención de las numerosas poblaciones locales pobres y de las relaciones de nepotismo, refuerza objetivamente la *omertà* mafiosa, aunque evidentemente no tenga ningún vínculo fáctico con ella.

Pudimos verificar la circulación de drogas psicotrópicas durante nuestras investigaciones en los pueblos ubicados a lo largo de los tres ríos del departamento, que forman otras tantas redes. La del Têt, desde la Cerdaña, cerca de Andorra, hasta Perpiñán, resultó ser la más instructiva, impulsada, por un lado, por La Junquera y, por el otro, por Andorra. Las metanfetaminas, el *speed* o la meta, aparecieron de repente a las puertas de los institutos en 2011, a unos 10 euros el gramo, en papelas de un cuarto de gramo (3 euros por una hora de «subidón»). La anfetamina más vendida era la ketamina, señal de la influencia barcelonesa, y luego las NPS designadas indiferentemente como *speed*.

Es gracias a la fase de interpenetración e intercambios entre heroína y cocaína a precios ventajosos, entre «acompañantes-supervisores» de mujeres balcánicas, por un lado, y sudamericanas por el otro, que estas dos grandes drogas psicotrópicas sirven de motor.

Por último, queda por investigar la prostitución en habitaciones, en los barrios y en las microrredes de internet, tanto de jóvenes menores como de adultos. No pudimos iniciar dicha investigación.

PARA CONCLUIR

Desde el recordatorio de los vastos movimientos de *globalización desde abajo* (mapa 1) en el área mediterránea europea, con colaboraciones cosmopolitas de los más variados orígenes y religiones, hasta los acompañamientos criminales y sus efectos en las *áreas morales transfronterizas* (mapa 2), hemos reunido doce años de investigaciones y seguimientos ininterrumpidos de los nómadas en el *territorio circulatorio* del sur de Europa (2007-2019). Las capacidades de redespliegue y, más aún, de amplificación de estos movimientos durante los períodos de confinamiento (mapa 3) han ilustrado la creatividad de los intercambios entre *transmigrantes nómadas* e *inmigrantes sedentarizados*.

Ya no es posible, afirmamos, descuidar el componente nómada, en los enfoques políticos o científicos, de las relaciones intercomunitarias locales en ciudades ubicadas en el territorio circulatorio. Por lo demás, se trata de aceptar, como en el ejemplo de Perpiñán, en el norte de Cataluña, la ceguera, cercana a una ley del silencio, de los poderes políticos y administrativos locales.

Este proceso de investigación, que combina los largos estudios de seguimiento (apéndice metodológico) y las presentaciones de situaciones individuales (capítulo 1), ha evitado los artefactos de los enfoques, lamentablemente generalizados, mediante estudios *in situ* muy breves y la superposición de procesos representados como «curvas de misiles» lanzadas entre ciudades distantes. Y a veces, incluso una pobreza del campo de estudio enmascarada por declaraciones filosóficas de investigadores impacientes por tener notoriedad. Para nosotros, cada ciudad, cada pueblo, conectado por viajeros nómadas transnacionales, contiene un potencial de construcción territorial que exige del investigador un largo y paciente camino de acompañamiento.

El hecho de que no existan estadísticas de organizaciones estatales para leer los movimientos e intercambios económicos y sociales no implica que el mundo clandestino no exista, sino que estas herramientas están ciegas. Aquellos que solo ven el mundo a través de ellos también lo están.

Por lo tanto, hemos elegido entre los cientos de contactos obtenidos gracias a doce años de investigaciones individuales o colectivas, *de acompañamiento paso a paso*, de identificar trayectorias típicas reivindicadas como tales, lugares de paso y de encuentro inusuales, fronteras distintas de las estatales...

La articulación creada por las zonas de habla albanesa[111] entre los Balcanes orientales y el espacio Schengen de Europa occidental confiere a estos Balcanes occidentales un papel esencial en la integración del conjunto de los Balcanes a la Unión Europea. Es precisamente este espacio

---

111. Albania, pero también el noroeste de Macedonia del Norte, Kosovo, el suroeste yugoslavo, el sudeste montenegrino y la Apulia italiana. Para comprender las dinámicas criminales, véase Kolë Gjeloshaj Hysaj, «Crime organisé albanophone: consolidation et diversification», 2020, *op. cit.* Recordemos que Bulgaria y Rumanía, asociadas a la Unión Europea desde 2007, pasaron a formar parte del espacio Schengen en marzo de 2024.

el que nuestro trabajo ha permitido identificar como altamente criminógeno. Allí, de hecho, en esta «área moral transfronteriza», se produce la integración, en las circulaciones masivas y clandestinas, de la mafia de la Sacra Corona Unita, organizadora de la trata de mujeres hacia España, y de la 'Ndrangheta, la temible mafia transportadora de drogas[112] por toda la cuenca mediterránea.

En la continuidad de los desplazamientos del *territorio circulatorio*, durante las etapas favorables a las transacciones, los *notarios informales*, generalmente marroquíes, aseguran la impermeabilidad de los grupos de transmigrantes o nómadas del *poor to poor*, en relación con los acompañamientos mafiosos. En 2021 existían alrededor de doscientos cincuenta mil transmigrantes o nómadas de la globalización desde abajo frente a aproximadamente doce millones de homólogos sedentarios en pueblos o ciudades medianas, o incluso en los suburbios de grandes ciudades. Las circulaciones criminales afectaban a unas diez mil mujeres y mafiosos por año y escapaban a las regulaciones de los notarios informales: es en cierto modo una invisibilización en el vasto flujo del *poor to poor* que buscan las circulaciones criminales.

La pandemia de Covid-19 y sus confinamientos fronterizos, lejos de destruir el territorio circulatorio, provocó una ampliación de las rutas nacionales y, por lo tanto, del territorio, y una primera feminización de las poblaciones nómadas del *poor to poor*. Los vendedores del SEA presentes en los Emiratos modificaron inmediatamente la logística marítima de entrega de mercancías, pasando de la exclusividad de los puertos del este y el norte del mar

---

112. Con la Cosa Nostra siciliana en el Magreb.

Negro (mapa 1) al cabotaje en puertos secundarios de cada país que limita con el territorio circulatorio (mapa 3). La distinción entre inmigrantes circulantes y asentados se ha desdibujado, augurando para las supresiones de fronteras postpandemia una reorganización de todo el territorio circulatorio hacia una mayor ósmosis entre viajeros nómadas e inmigrantes residentes.

Desde el año 1990 hasta el 2020, la forma y la composición del territorio circulatorio del norte del Mediterráneo no han cesado de recomponerse hacia un mayor cosmopolitismo, incluida la feminización, y una mayor proximidad entre inmigrantes sedentarios y transmigrantes de viaje. Podemos dar testimonio de ello a través de una sucesión de largas investigaciones, de un estrecho seguimiento de los nómadas de la globalización desde abajo, del *poor to poor*, y, sobre todo, gracias a la aportación de Sardinella-Archangela en cuanto a las circulaciones criminales.[113]

El entrismo demostrado por las organizaciones mafiosas en la trata de mujeres jóvenes balcánicas[114] probablemente no perdure más allá del probable éxito de la ONG Retours de Sardinella-Archangella y sus amigas balcánicas. Esto es especialmente cierto porque el proceso de integración de la zona de los Balcanes occidentales en la Unión Europea se está negociando desde mediados de 2022.

---

113. Queda entendido que utilizamos aquí una clasificación penal francesa e italiana. Infracciones y delitos aduaneros de *poor to poor*, delito por acompañamiento de mujeres a la prostitución.

114. El «vuelco de la dominación» posibilitada por las inversiones de retorno y la afirmación de la red de ONG Retours está en línea con los notables análisis de Natacha Borgeaud-Garciandía, *Dans les failles de la domination,* París, Presses Universitaires de France, 2009.

ANEXO METODOLÓGICO

Elecciones teóricas y metodológicas

Recordemos algunos requisitos esenciales inherentes al enfoque sociológico y antropológico de las movilidades transnacionales.

En primer lugar, no existe ningún enfoque de investigación sociológica que pueda prescindir de la *identificación de los colectivos* afectados cuestionando las relaciones sociales previstas en esta problemática. En materia de transmigraciones de poblaciones comerciantes, regularmente vemos aparecer, en artículos de revistas, un testimonio singular erigido en una categoría general (el comercio transnacional Argelia-Europa de iniciativa femenina a partir de uno o algunos casos promovidos como sociotipos, la observación en Estambul de un tunecino comprando dos maletas de ropa, ¡en un viaje de ida y vuelta en avión! y deducción de una «ruta comercial»…). Testimonios interesantes pero sociológicamente inadmisibles, siendo el interés de la descripción y del análisis previo de los colectivos comprender las cadenas de interacciones, la diversidad de estrategias comerciales, la singularidad de las numerosas rutas que forman el «territorio circulatorio», las modalidades de alianzas o de rivalidades cosmopolitas, la aparición de una historicidad de los movimientos observados: por ejemplo, en el caso de Argelia, numerosas mujeres comerciaban en los años 1980 mientras que la clientela argelina de Belsunce —en Marsella— rondaba las setecientas mil personas al año.[115] En nuestra investigación, la identificación de las movilidades transmigratorias del colectivo comercial argelino en Europa duró tres años (1985-1988); el del colectivo marroquí, tres años (1992-1995); el del colectivo de Oriente Medio-Balcanes exportador «desde abajo» de productos electrónicos del SEA, cinco años (2002-2007); el de los colectivos de mujeres balcánicas y caucásicas para la prostitución en el Levante español, seis años (2007-2013), y el de adolescentes de ambos sexos prostituidos en la Cataluña francesa para clubes españoles, seis años (2013-2019). Todas las investigaciones movilizan equipos universitarios para las observaciones sobre el terreno. Sobre estas bases empíricas, identificamos el tipo de apoyo de los actores y actrices de la migración: ¿étnico, cosmopolita? Y las transiciones de uno a otro. Etapas, cruces, creación de lógicas y logísticas territoriales «distintas» a las oficiales. Los «territorios circulatorios», necesariamente colectivos, se identifican con su diversificación en rutas (por ejemplo, cinco rutas típicas de las nueve mil prostitutas balcánicas hacia el Levante ibérico).

Por tanto, se pueden utilizar varias técnicas para recoger declaraciones textuales (favorecimos el acompañamiento y nuestra proximidad con una mujer albanesa nos dio acceso a una amplia red). El paradigma sociológico propuesto por Georg Simmel y luego por las sucesivas Es-

---

115. Alain Tarrius y Geneviève Marotel, «Tunis et sa région; dynamique territoriale et mobilités dans la grande périphérie de Tunis», *Rapport INRETS*, núm. 32, marzo de 1987.

cuelas de Chicago que rechazaban el fraccionamiento del ser humano en «ámbitos» sociológicos casi estancos (educación, familia, trabajo, etc., del enfoque durkheimiano, llamado «francés») permite una continuidad del análisis socioantropológico:[116] nuestros largos esfuerzos empíricos para identificar a los colectivos transmigrantes en el territorio de sus circulaciones no nos han permitido la elección de marcos epistemológicos; en particular, durante nuestras observaciones sobre los cosmopolitismos de colaboración entre personas circulantes y sedentarias, fuimos desafiados por las frecuentes apariciones de *mestizajes*, de transmigrantes que se instalan en diversos lugares y crean una *unión mestiza*: interacciones económicas e indisociablemente afectivas. La elección del enfoque sociológico fenomenológico de Simmel, y de Florian Znaniecki y William Thomas, de las brillantes Escuelas de Chicago, que no diferenciaban sociología de antropología, se nos impuso inmediatamente: yuxtaposiciones territoriales de la primera escuela («áreas morales» de Robert Ezra Park), cadenas de interacciones goffmanianas (décadas de 1970/1980) o conexiones transnacionales de Nina Glick Schiller y Ulf Hannerz (década de 1990).

Cabe señalar los planteamientos de las «mamas Benz» de África occidental de Nancy Spinousa.[117] El estudio de Chadia Arab,[118] sobre las mujeres marroquíes que trabajan

---

116. Simmel Georg, *Philosophie de l'argent*, París, Presses universitaires de France, 2014 [1901].

117. Nancy Spinousa, «Le fils de Nanabenz», en Michel Péraldi y Évelyne Perrin, *Réseaux productifs et territoires urbains; cultures urbaines, marchés, entreprises et réseaux*, Toulouse, Plan Urbain-Presses universitaires du Mirail, 1996.

118. Chadia Arab, *Dames de fraises, doigts de fée, les invisibles de la migration saisonnière marocaine en Espagne*, Casablanca, En toutes lettres, 2018.

en Andalucía, y el de Nasima Moujoud, sobre las mujeres marroquíes en Arabia Saudí y los Emiratos.[119] El trabajo de investigación de Fátima Lahbabi[120] y Pilar Rodríguez Martínez[121] sobre la prostitución de las mujeres marroquíes en Andalucía como transición hacia la integración en las naciones europeas. Los de Swanie Potot sobre las transmigraciones de mujeres rumanas en Andalucía.[122] Así como los de Fatima Qacha sobre las transmigraciones europeas de mujeres y familias marroquíes.[123]

En cuanto a la implicación de las mujeres argelinas en el comercio con la zona de Marsella, fueron muy numerosas, entre 1984 y 1989, las que compraron ropa femenina y cupones de origen neerlandés entre los setecientos mil compradores magrebíes, en su mayoría argelinos que, anualmente, venían regularmente a Marsella, al mercado de Belsunce, los viernes y sábados. Muchas de ellas siguieron con estos negocios transnacionales en la década de 1990.[124]

---

119. Chadia Arab y Nasima Moujoud, «Le stigmate de "Marocaine" à Dubaï y les résistances des migrantes à l'épreuve de l'intersectionnalité», *Migrations Société*, núm. 173, 2018/3.

120. Fátima Lahbabi, *L'immigration marocaine en Andalousie: vie sociale et mobilités économiques des sans papiers dans la province d'Almeria*, tesis de sociología llevada a cabo en 2002.

121. Fátima Lahbabi y Pilar Rodríguez Martínez, «Migraciones y género. El caso de las mujeres migrantes marroquíes que trabajan en la prostitución en Almería», VII Congreso Español de Sociología, Salamanca, septiembre 2001; en Fátima Lahbabi y Pilar Rodríguez Martínez, *Migrantes y trabajadores del sexo*, 2005, *op. cit.*

122. Potot Swanie, «La place des femmes dans les réseaux migrants roumains», 2005, art. citado.

123. Fatima Qacha, «Réseaux "de confiance" au Maroc central», 2010, art. citado, pp. 17-20; Fatima Qacha, *Migrations transnationales: rôle des femmes et des réseaux familiaux*, tesis de doctorado en sociología, Toulouse II, 2010.

124. Alain Tarrius, «L'entrée dans la ville: migrations maghrébines et

Marcos metodológicos: área moral o «espacio de moral transfronterizo», «territorio circulatorio» y «paradigma de la movilidad»

Pasemos ahora a los informes de la investigación.

Nuestras investigaciones tienen por objeto visibilizar hechos sociales y económicos clandestinos, como el tráfico de bienes de uso legal, aquí en el contexto de la globalización desde abajo, clandestina y de uso ilícito, como el tráfico de drogas y la trata de mujeres: mundos «clandestinos» que los poderes políticos y administrativos extraían del conocimiento común para confiarlos a la policía. Terreno oculto, invisibilizado y, por lo tanto, preferido para la curiosidad de las ciencias sociales... Cuando una puerta se cierra, las ciencias sociales van a ver qué ha pasado (anexo Adrien Doron), especialmente porque los «ascensos» de la esfera clandestina a la de la vida cotidiana visible se denominan a menudo «dinero blanqueado», por miles de millones, que sustenta a los circuitos bancarios, rentistas y criminales, como lo describimos en nuestro campo de investigación.

Un área moral o «espacio de moral» es una noción propuesta por Robert Ezra Park, uno de los fundadores, alrededor de la década de 1920, de la Escuela de Sociología y Antropología Urbanas de Chicago. Designa una conjunción imprevista de tiempos sociales; lugares; mezclas de poblaciones, sobre todo nocturnas, capaces de transformar las relaciones sociales tal y como se presen-

---

recompositions des tissus urbains à Tunis et à Marseille», *Revue Européenne des Migrations Internationales*, vol. 3, núms. 1-2, 1987, pp. 131-148; Alain Tarrius y Lamia Missaoui, *Arabes de France dans l'économie mondiale souterraine*, 1995, *op. cit.*

tan en las relaciones normalizadas, generalmente diurnas. Fue el Chicago de principios del siglo xx el que planteó la pregunta siguiente: ¿cómo una acumulación-yuxtaposición humana, económica y cultural tan heterogénea y rápida en los años 1910-1930 formó una ciudad? ¿Cómo logró constituir una metrópoli con intercambios de una gran cohesión estructural? Los comportamientos que se desvían del «buen orden diurno», como, en esa época, la prostitución, los juegos de apuestas, el consumo de alcohol en tiempos de prohibición, etc., al caer la noche provocaban, gracias a la movilidad urbana y periurbana motivada tanto por deseos afectivos como por el interés por el beneficio, la mezcla de habitantes con perfiles contrastantes, proximidades y mezclas cosmopolitas de las que el funcionamiento urbano general parecía beneficiarse, a pesar de su naturaleza aparentemente inmoral y desviada. Según Georg Simmel, los enfoques habituales de la «racionalidad funcional» descuidan una tercera dimensión del cambio social, a menudo ocultada por debates políticos binarios, los pros y los contras, reportados por la prensa y los políticos en un tono de indignación y sobre bases ideológicas y estadísticas. Esta tercera dimensión de la dialéctica del cambio, que engloba lo «todavía oculto», lo «no admitido» del comportamiento humano colectivo, sería decisiva para comprender los procesos de cambio. Protegida o incluso enmascarada por el «orden moral oficial de lo que puede ser expuesto», se volvió todavía más temible. El banco, por su parte, llenaba sus cajas fuertes con sus actividades, tanto diurnas como nocturnas: dinero de apuestas y fraudes nocturnos, acumulado y redistribuido en los cajeros; lo mismo ocurría con muchos otros comportamientos sociales, presentados como antagónicos, opuestos, según la buena moral, pero complementarios económicamente y en continuidad según nuestros socioantropólogos... Multipliquemos esto por las multitudes en interacción y por X oportunidades, y sus momentos, sin olvidar la circulación del dinero en uso en la gran metrópolis y comprenderemos, por ejemplo, la influencia del inmigrante pobre de tierras lejanas que intenta ganar y gastar sus ingresos en el área moral, escapando allí de las miradas normalizadoras-juzgadoras. Postulemos que la descripción del Chicago de ese momento es exportable: entonces, la noción de área moral sigue siendo operativa, a condición de que sus elementos constitutivos sean revisados a medida que avanza el trabajo de la historia sobre los contextos. La globalización, sus movilidades y sus redes perfilan configuraciones territoriales extendidas en áreas morales originales, en particular con esas agregaciones transfronterizas que dan un sentido a los espacios recorridos por los migrantes y a las etapas en las que se encuentran. Así, hemos utilizado muchas veces el método sugerido, basado en las movilidades que constituyen el área moral en un contexto de tráfico ilegal a través de fronteras locales, regionales y nacionales. Es especialmente ilustrativo el caso de Perpiñán hacia Sitges y Andorra, con una fuerte centralidad de la prostitución en La Junquera, y psicotrópica en Barcelona y bancaria en Andorra.

Por lo tanto, redefino los usos territoriales de esta noción, de los contornos metropolitanos de Chicago hasta los espacios que sostienen las redes de economías clandestinas. Este es el caso de la «cuenca de distribución de productos del SEA y de reclutamiento prostitucional» del mar Negro, y de la constitución de grupos mixtos de transmigrantes de la globalización desde abajo: llegan en cohortes distintas, «étnicas», antes de partir hacia Europa, a través de la ruta transbalcánica de los sultanes, en pequeños grupos cosmopolitas que mezclan, entre pobres, religiones y nacionalidades para su mayor eficiencia comercial en el mosaico de las identidades balcánicas, y más tarde en el de los guetos urbanos a través de la «ruta punteada» (mapa 2).

El territorio circulatorio

Concepto construido en 1989-1993[125] que constata la realidad de los territorios transversales en las construcciones político-administrativas de los estados-nación y el estatuto original «móvil» de sus habitantes más legítimos: puesto que sus interlocutores sedentarios son «asociados», una verdadera inversión de los estatus de ciudadanía habituales. Finalmente, ¿cómo van estas nuevas poblaciones más allá de la legislación nacional a través de su solidaridad en torno a códigos de honor bajo el control de interlocutores «notarios informales», entre transmigrantes, administraciones y círculos criminales? Estos «notarios» garantizan sobre todo que el tráfico de productos legales quede aislado de los intercambios criminales.

El paradigma de la movilidad

Noción metodológica que Alain Tarrius propuso en 1989 cuando fue autorizado a dirigir una investigación[126]

---

125. Alain Tarrius, «Territoires circulatoires et espaces urbains: différenciation des groupes migrants», *Les Annales de la Recherche Urbaine*, núms. 59-60, 1993, pp. 51-60.
126. Alain Tarrius, *Anthropologie du mouvement*, Orléans, Paradigme, 1989.

que permite establecer el estatus de cualquier grupo o formación de migrantes cruzando su movilidad cotidiana con su movilidad residencial e, indisociablemente, su movilidad internacional. Los tres niveles de movilidad son explorados y cruzados sistemáticamente por cada interlocutor colectivo o individual. Universo nocional inspirado en la fenomenología alemana, la obra de Georg Simmel y la primera Escuela de Chicago. Abordaje de los hechos sociales negándose a disociar, por ejemplo, los intercambios monetarios y emocionales, lejos de la sociología durkheimiana, también llamada «francesa», que especializa las sociologías en los ámbitos de las actividades humanas (cultura, trabajo, deportes, familia, etc.). Las posiciones simmelianas permiten la indistinción de los enfoques antropológicos y sociológicos a través de procesos nocionales integrales y no a través de la división en áreas en torno a la rigidez explicativa de conceptos preestablecidos. Al proceso de introducción, demostración y conclusión, preferimos el de la manifestación de sentido a medida que se realizan lecturas del terreno.

El despliegue de estas nociones requiere una gran proximidad, incluso un mimetismo en la investigación: acompañamientos, residencias comunes, etc. El cuestionario y la entrevista con un marco preconstruido no son suficientes: las interacciones estrechas y la compartición de actividades crean las condiciones para recopilar información.

NOTA DE LECTURA DE ADRIEN DORON

Laboratorio interdisciplinario de solidaridad,
sociedades y territorios
Universidad de Toulouse II-Jean-Jaurès/CNRS/EHESS

Alain Tarrius y Olivier Bernet, *Mondialisation criminelle: la frontière espagnole de La Junquera à Perpignan. Rapport de recherche*, París, Édilivre, 2014.

A lo largo de su carrera, Alain Tarrius, profesor emérito de sociología en la Universidad Toulouse II Le Mirail, no ha dejado de levantar el velo sobre los hechos sociales menos visibles, de raspar pacientemente el barniz de nuestras sociedades, para mostrar y hacer comprender lo que sucede en los intersticios, pero que atañen a lógicas más amplias. Cabe constatar que no ha terminado y que, con el mismo espíritu combativo, entrega «en caliente», con el sociólogo Olivier Bernet, el último número de la colección *Recherches en cours/cosmopolitismes méditerranéens* [Investigaciones en curso / Cosmopolitismos mediterráneos], en la editorial online Édilivre.

Basándose en un estudio de la frontera franco-española en La Junquera impulsado por LabEx SMS de la Universidad de Toulouse, los autores siguen dos pistas. La primera investiga las rutas de la prostitución y las drogas desde el mar Negro y los Balcanes hasta el Levante español. La segunda, imprevista, seguida por la intuición de los investigadores, pretende demostrar que las redes criminales de globalización presentes en el lado español de la frontera han encontrado un caldo de cultivo favorable en el departamento fronterizo de Pirineos Orientales.

Del mar Negro al Levante español

Las transmigraciones están siempre en el centro de atención de Alain Tarrius y Olivier Bernet. La primera parte de la publicación está dedicada a los itinerarios de prostitución de mujeres originarias de los alrededores del mar Negro o de los Balcanes, acompañadas por las redes criminales que las supervisan y de la circulación de drogas. A partir de entrevistas realizadas a algunas de estas mujeres y cuyas palabras, tan actuales, aumentan la implicación del lector, los autores recorren los caminos, las etapas sórdidas y los desenlaces desiguales. Para Magdalena, Irina y Sofía, todo comienza en los paquebotes y cargueros que surcan ese mar. El entrenamiento a bordo o durante la escala en el puerto, en Sochi —ciudad olímpica...—, Trebisonda u Odesa, se convierten en los lugares de sus primeros pasos. El aprendizaje no lleva mucho tiempo. Marineros a bordo o inquilinos que regresan a casa, los reclutadores actúan en nombre de una gran red que distribuye mujeres y drogas a los Emiratos, el Levante español, Italia o Turquía.

El trato de estas mujeres por parte de las redes criminales en torno al mar Negro también es una etapa de selección. Las «mejores» se ceden directamente a compradores en Emiratos o España. Irina y su hermana, desnudas, cacheadas, probadas por sus compradores en una subasta, son vendidas por 5.000 euros cada una y enviadas a Cataluña tras una rápida formación como *dealers*. Porque la venta de drogas está íntimamente asociada a la venta de cuerpos. La mercantilización es total. Otras, como Magdalena, deben pasar por una etapa de recuperación, en Italia, en la región de Salerno. Las redes, controladas sobre todo por georgianos, proporcionan los documentos necesarios para el viaje y la droga en España. Una vez regularizadas, mientras trabajan en los clubes de lujo del Levante español, algunas pueden controlar un poco mejor su viaje y establecer una verdadera estrategia de viaje, organizando poco a poco su regreso, como es el caso de Irina y Sofía.

Entre los viajes mencionados, también están los de las degradadas como Sardinella. Católica albanesa enviada por su noviciado en Tarento, huye y, «después de un fracaso tras otro», como ella dice, se enamora de un pobre diablo que la prostituye en la bodega del barco pesquero de su patrón, quien también se dedica al negocio con la mafia local. Privada de toda iniciativa, acaba enredada con los mafiosos tras la eliminación de sus proxenetas. Desembarcada en el puerto de L'Escala, finalmente es entregada a un matadero catalán, no por sí misma, sino como prima de una transacción de estupefacientes. De hecho, hay aquí algo de la miseria que se muestra en *Gomorra*, la famosa novela de Roberto Saviano.

El área moral

Los dos sociólogos se basan en gran medida en la noción de «área moral» o «espacio de moral», propuesta por el sociólogo Robert Ezra Park, uno de los fundadores de la Escuela de Chicago en la década de 1920. Esta noción les permite comprender las continuidades espaciales ocultas de las economías monetarias y del deseo.

Si el mar Negro es sin duda un espacio de moral en la primera parte del estudio, también lo es el caso de Cataluña, que parece encontrar su unidad en las economías apenas visibles del sexo y las drogas, desde Perpiñán hasta la localidad costera «de moda» de Sitges, al sur de Barcelona. Los autores muestran que las redes mafiosas, los centros de prostitución masculina (Sitges) o femenina (La Junquera), los camioneros, la burguesía local, participan en esta área moral y son actores de un sistema que no debe confundirse con sus manifestaciones visibles, que son los espacios de prostitución.

A partir del estudio de la centralidad criminal y fronteriza de La Junquera, salida de las redes ruso-italianas de droga y prostitución, los autores se dan cuenta de que el departamento vecino de los Pirineos Orientales también ha encontrado su lugar en el sistema criminal. Es un espacio adicional para la venta de drogas. Las poderosas redes que operan en La Junquera se hacen rápidamente con el monopolio de las drogas más lucrativas en detrimento de los pequeños distribuidores locales. Para mantener sus ganancias, amplían su clientela vendiendo drogas sintéticas a estudiantes de secundaria de este departamento.

Es al realizar esta parte de la investigación y, sobre todo, al tratar de informar sobre la situación de los jóvenes colocados por el sistema departamental de bienestar infantil (ASE 66), que los investigadores descubren gradualmente un sistema clientelar local. De hecho, parece que algunos niños son colocados en familias de acogida que también se encuentran en una situación de pobreza social, como medio de obtener estos ingresos. El deseo de mantener los ingresos justificaría el hecho de ignorar cualquier disfunción (drogas o prostitución) que pueda llevar a retirar el niño de su familia de acogida. Los autores se centran después en exponer la virulencia de la institución para defenderse de la intrusión de los investigadores, al entregarles algunas páginas ofensivas, perfectamente asumidas, que siguen siendo demasiado raras en las ciencias sociales.

A partir de estos bloqueos, los investigadores desarrollan su trabajo entre jóvenes prostitutas y drogadictos de la región de Perpiñán, que les permiten confirmar la integración de los Pirineos Orientales en el área moral de la droga y la prostitución del sur de Cataluña. Sobre todo cuando, y esto no es una conclusión precipitada, jóvenes de Perpiñán, algunos todavía colocados por el ASE 66, enganchados a las anfetaminas georgianas, parten para prostituirse durante la temporada de verano en los clubes de Sitges.

Investigadores incansables e inclasificables

Este trabajo, que debería dar lugar a otras investigaciones y publicaciones, es una especie de informe de progreso de una investigación colectiva. El texto se sustenta en un complejo sistema de investigación que va más allá de la personalidad de los dos autores. Sin embargo, es el propio Alain Tarrius quien puede «abrir la caja de Pandora» con una virulencia desconcertante, así como comunicativa. Al igual que Pierre Bourdieu, considera que la sociología es «un deporte de combate» y lo demuestra enérgicamente. Cuando una puerta se cierra, es más bien un emplazamiento para ir a ver —sin voyerismo— lo que se esconde detrás, para abrir una vertiente nueva e imprevista de la investigación.

Aquí los investigadores son comprometidos y el tema, siempre bien sustentado, es por supuesto científico. Pero el texto es inclasificable y poco convencional, tanto en su forma como en el tono combativo que a veces utiliza, para el bien del lector, que se beneficia de un rico contenido informativo y asiste al despliegue de una práctica de investigación comprometida. Finalmente, los extensos apéndices presentan un corpus de textos y artículos publicados por los autores que forman una especie de compendio teórico y metodológico (paradigma de movilidad, territorios circulatorios) en torno al concepto de transmigración.

BIBLIOGRAFÍA

Alduy, Jean-Paul, y Tarrius, Alain. *Perpignan, laboratoire social et urbain; modernisation d'une ville pauvre et cosmopolite*. La Tour d'Aigues: l'Aube, 2018.

Alioua, Mehdi. «Nouveaux et anciens espaces de circulation internationale au Maroc: les grandes villes marocaines, relais migratoires émergents de la migration transnationale des Africains subsahariens au Maghreb». *Revue des mondes musulmans et de la Méditerranée*, n.ᵒˢ 119-120, 2007, pp. 39-58.

Alioua, Mehdi. «Un monde en mouvement, du transit à la transmigration». En Khrouz, Nadia, y Lanza, Nazarena (dirs.). *Migrants au Maroc; cosmopolitisme, présence d'étrangers et transformations sociales*. Rabat: Centre Jacques-Berque - Fundación Konrad Adenauer Stiftung, 2015.

Allal, Tewfik; Buffard, Jean-Pierre; Marié, Michel, y Regazzola, Tomaso. *Situations migratoires; la fonction miroir*. París: Galilée, 1977.

Alonso Meneses, Guillermo. «La antropología de las migraciones clandestinas en tiempos de neo-movilidades alternativas y el muro de Donald Trump». *Religación. Revista de Ciencias Sociales y Humanidades*, vol. 4, n.º 13, 2019.

Arab, Chadia. *Dames de fraises, doigts de fée, les invisibles de la migration saisonnière marocaine en Espagne*. Casablanca: En toutes lettres, 2018.

Arab, Chadia, y Moujoud, Nasima. «Le stigmate de "Marocaine" à Dubaï; les résistances des migrantes à l'épreuve de l'intersectionnalité». *Migrations Société*, n.º 173, 2018/3.

BATTEGAY, Alain. «Les recompositions d'une centralité commerçante immigrée: la Place du Pont à Lyon». *Revue Européenne des Migrations Internationales*, vol. 19, n.º 2, 2003.

BAVA, Sophie. «De la "baraka aux affaires": ethos économico-religieux et transnationalité chez les migrants sénégalais mourides». *Revue Européenne des Migrations Internationales*, vol. 19, n.º 2, 2003.

BAVA, Sophie, y CAPONE, Stefania. «Religions transnationales et migrations: regards croisés sur un champ en mouvement». *Autrepart*, n.º 56, 2010/4, pp. 3-15.

BENSAÂD, Ali. «Le Moyen-Orient: un carrefour migratoire entre conflits territoriaux et mondialisation des circulations». *Maghreb-Machrek*, n.º 199, 2009/1, pp. 7-22.

BERTHOMIÈRE, William; DORAÏ, Mohamed Kame, y DE TAPIA, Stéphane. «Moyen-Orient: mutations récentes d'un carrefour migratoire». *Revue Européenne des Migrations Internationales*, vol. 19, n.º 2, 2003.

BIRKUI, Françoise (dir.). *Le matrimoine catalan; 66 femmes*. Canet-en-Roussillon: Trabucaire, 2013.

BORDES-BENAYOUN, Chantal, y SCHNAPPER, Dominique. *Diasporas et Nations*. París: Odile Jacob, 2006.

BORGEAUD-GARCIANDÍA, Natacha. *Dans les failles de la domination*. París: Presses universitaires de France, 2009.

BOUBEKER, Ahmed. «Quartier Cousin». *Les Temps Modernes*, n.º 437, diciembre 1982.

BOUBEKER, Ahmed. *Les mondes de l'ethnicité; la communauté d'expérience des héritiers de l'immigration maghrébine*. París: Balland, 2003.

BOUBEKER, Ahmed. *Les plissures du social; des circonstances de l'ethnicité dans une société fragmentée*. Nancy: Presses universitaires de Nancy, 2016.

BOUCHERON, Patrick (dir.). *Migrations, réfugiés, exil*. París: Odile Jacob, 2017.

BRAUDEL, Fernand. *La Méditerranée et le monde méditerranéen au temps de Philippe II - Destins collectifs et mouvement d'ensemble*. París: Armand Colin, 2017 [1948].

Bredeloup, Sylvie. «À propos des centralités immigrées». *Rives méditerranéennes*, vol. 26, n.º 1, 2007.

Briquet, Jean-Louis. «Les formulations savantes d'une catégorie politique; le clientélisme et l'interprétation sociohistorique du "cas italien"». *Genèses*, n.º 62, 2006, pp. 49-68.

Briquet, Jean-Louis, y Sawicki, Frédéric (dir.). *Le clientélisme politique dans les sociétés contemporaines*. París: Presses universitaires de France, 1998.

Charbit, Yves; Hily, Marie-Antoinette, y Poinard, Michel. «Le va-et-vient identitaire; migrants portugais et villages d'origine». *Revue Européenne des Migrations Internationales*, vol. 13, n.º 3, 1997, pp. 276-278.

Choplin, Armelle, y Pliez, Olivier. *La mondialisation des pauvres; loin de Wall Street et de Davos*. París: Seuil, 2018.

Copeland, Lauren; Grzelczak, Agata, y Sanmugeswaran, Pathmanesan. «Cosmopolitanism, migration, and transnationalism: an interview with Nina Glick Schiller». *A Journal of Social Theory*, vol. 25, art. 17, 2016.

Corti, Paola. *Storia delle migrazioni internazionali*. Bari: Laterza, 2007.

Dahinden, Janine. «Migration and mobility; universality and resulting tensions». *Universality: From Theory to Practice*, 2009, pp. 359-376.

Da Silva Telles, Vera, y Peralva, Angelina. «Crime, violence et ville». *L'Ordinaire des Amériques*, n.º 216, 2014.

Demart, Sarah. «Congolese migration to Belgium and post-colonial perspectives». *African Diaspora*, vol. 6, n.º 1, 2013, pp. 1-20.

Dérens, Jean-Arnault. *Balkans, la mosaïque brisée; frontières, territoires et identités*. París: Cygne, 2008.

De Tapia, Stéphane. *Migrations et diasporas turques; circulation migratoire et continuité territoriale*. París: Maisonneuve et Larose/IFEA, 2006.

Diminescu, Dana. *Visibles mais peu nombreux; les circulations migratoires roumaines*. París: Maison des Sciences de l'Homme, 2003.

Dubet, François, y Lapeyronnie, Didier. *Les quartiers d'exil*. París: Seuil, 1992.

Faugeron, Claude, y Kokoreff, Michel (dir.). *Société avec drogues*. Toulouse: Érès, 2002.

Fernandes, Luís. *O síto das drogas; etnografia das drogas numa periferia urbana*. Lisboa: Noticias, 2002.

Flores, Sara María Lara. «Espace et territorialité dans les migrations rurales: un exemple mexicain». *Migrations Sociétés*, n.º 115, 2008/1.

Fontaine, Laurence. *L'économie morale; pauvreté, crédit et confiance dans l'Europe préindustrielle*. París: Gallimard, 2008.

Foucault, Michel. «Hétérotopies, hétérochronies, un parallélisme hors des espaces-temps usuels». En *Œuvres I, II*. París: Gallimard, 2015 [1967].

Freedman, Jane, y Bahija, Jamal. «Violence à l'égard des femmes migrantes et réfugiées dans la région euro-méditerranéenne; études de cas: France, Italie, Égypte et Maroc». *Réseau Euro-méditerranéen des droits de l'Homme*, diciembre 2008.

Gaissad, Laurent. *Hommes en chasse; chroniques territoriales d'une sexualité secrète*. Nanterre: Presses universitaires de París Nanterre, 2020.

Giband, David, y Lefèvre, Marie-Anne. «Les "nouveaux maîtres du Sud"? Déclin des systèmes géopolitiques et recompositions du paysage électoral à Béziers et Perpignan». *Hérodote. Revue de géographie et de géopolitique*, vol. 154, n.º 3, 2014, pp. 107-119.

Glick Schiller, Nina; Basch, Linda, y Szanton Blanc, Cristina. «From immigrant to transmigrant: theorizing transnational migration». *Anthropological Quarterly*, vol. 68, n.º 1, enero 1995.

Glick Schiller, Nina; Basch, Linda, y Szanton Blanc, Cristina. «Transnationalism: a new analytic framework for understanding migration». *Annals of the New York Academy of Sciences*, vol. 645, n.º 1, julio 1992.

Grafmeyer, Yves, y Joseph, Isaac. *L'École de Chicago; naissance de l'écologie urbaine*. París: Champ Urbain, 1979.

Halbwachs, Maurice. *La topographie légendaire des Évangiles en Terre sainte; étude de la mémoire collective.* París: Presses universitaires de France, 2008 [1941].

Hannerz, Ulf. *Explorer la ville.* París: Minuit, 1983.

Héran, François. *Le temps des immigrés; essai sur le destin de la population française.* París: Seuil, 2007.

Hughes, Everett C. «The Collected Papers of Robert E. Park». *Social Forces,* vol. 31, n.º 4, mayo 1953, pp. 363-365.

Hysaj, Kolë Gjeloshaj. «Crime organisé albanophone: consolidation et diversification». En Tarrius, Alain (dir.); Missaoui, Lamia, y Qacha, Fatima (cols.). *Naissance d'un peuple européen nomade; la route cosmopolite de la mondialisation par le bas de la Turquie au Maroc par les Balkans et le Levant ibérique.* Canet-en-Roussillon: Trabucaire, 2020.

Lacroix, Thomas; Sall, Leyla, y Salzbrunn, Monika. «Marocains et Sénégalais de France: permanences et évolution des relations transnationales». *Revue Européenne des Migrations Internationales,* vol. 24, n.º 2, 2008, pp. 23-43.

Lahbabi, Fátima, y Rodríguez Martínez, Pilar. «Migraciones y género. El caso de las mujeres migrantes marroquíes que trabajan en la prostitución en Almería». VII Congreso de Sociología, Salamanca, septiembre 2001.

Lahbabi, Fátima, y Rodríguez Martínez, Pilar. *Migrantes y trabajadores del sexo.* Madrid: Del Blanco, 2005.

Lebourg, Nicolas. *Lettre aux Français qui croient que cinq ans d'extrême droite remettraient la France debout.* París: Les Échappés, 2016.

Le Bras, Hervé, y Fargues, Philippe. «Migrants et migrations dans le bassin de la Méditerranée». *Les notes IPEMED,* n.º 1, 2009.

Lonni, Ada. *Sapere la strada.* Turín: Einaudi, 1989.

Ma Mung, Emmanuel. «La diaspora chinoise et la création d'entreprises: réseaux migratoires et réseaux économiques en Europe du Sud». En Muller, Laurent, y De Tapia, Stéphane. *La création d'entreprise par les immigrés; un dynamisme venu d'ailleurs.* París: L'Harmattan, 2005.

Ma Mung, Emmanuel. «Négociations identitaires marchandes». *Revue Européenne des Migrations Internationales*, vol. 22, n.º 2, 2006, pp. 89-93.

Martiniello, Marco. «Ethnic leadership, ethnic communitties political powerlessness and the state in Belgium». *Ethnic and Racial Studies*, vol. 16, n.º 2, 1993.

Marty, Nicolas. *Comprendre la crise catalane.* Pau: Cairn, 2019.

Missaoui, Lamia. «Généralisation du commerce transfrontalier: petit ici, notable là-bas». *Revue Européenne des Migrations Internationales*, vol. 11, n.º 1, 1995, pp. 53-75.

Missaoui, Lamia. «Les transmigrants colporteurs, souterrains du capitalisme marchand moderne». *Lien social et Politiques*, n.º 76, 2016, pp. 272-303.

Missaoui, Lamia, y Hily, Marie-Antoinette. «Migrants dans la ville». *Revue Européenne des Migrations Internationales*, Éditorial, vol. 18, n.º 3, 2002, pp. 7-8.

Missaoui, Lamia. *Les étrangers de l'intérieur; filières, trafics et xénophobie.* París: Payot, 2003.

Moge, Charlotte. «Mafia, collusions et clientélisme». *Academia. edu*, 2020.

Morokvasic, Mirjana. «Transnational mobility and gender; a view from post-wall Europe». En Morokvasic, Mirjana; Erel, Umut, y Shinozaki, Kyoko (dir.). *Crossing borders and shifting boundaries*, vol. 1: *Gender on the move.* Opladen: Leske + Budrich, 2003, pp. 101-133.

Moujoud, Nasima. «Effets de la migration sur les femmes et sur les rapports sociaux de sexe: au-delà des visions binaires». *Les Cahiers du CEDREF*, n.º 16, 2008.

Noiriel, Gérard. *Le creuset français; histoire de l'immigration (xixᵉ-xxᵉ siècle).* París: Seuil, 2016 [1988].

Pellerin, Hélène; Gabriel, Cristina. *Governing international labour migration; current issues, challenges and dilemmas.* Londres: Routledge/Ripe, 2008.

Pérouse, Jean-François. «Émergence et résorption annoncées d'un territoire de transit international au cœur d'Istanbul: le cas de Tarlabaşı (1987-2007)». *Maghreb-Machrek*, n.º 199, primavera 2009, pp. 85-101.

PLIEZ, Olivier. «Nomades d'hier, nomades d'aujourd'hui; les migrants africains réactivent-ils les territoires nomades au Sahara ?». *Annales de géographie*, n.º 652, 2006, pp. 688-707.

PLIEZ, Olivier. *Les cités du désert ; des villes sahariennes aux saha-ra-towns*. Toulouse: IRD, PUM, 2011.

PORTES, Alejandro. «La mondialisation par le bas; l'émergence des communautés transnationales». *Actes de la recherche en sciences sociales*, n.º 129, 1999, pp. 15-25.

POTOT, Swanie. «La place des femmes dans les réseaux migrants roumains». *Revue Européenne des Migrations Internationales*, vol. 21, n.º 1, 2005.

QACHA, Fatima. «Réseaux "de confiance" au Maroc central». *Plein droit*, n.º 84, 2010/1, pp. 17-20.

QACHA, Fatima. *Migrations transnationales: rôle des femmes et des réseaux familiaux*. Tesis doctoral en Sociología. Toulouse II, 2010.

RAULIN, Anne. *L'ethnique est quotidien; diasporas, marchés et cultures métropolitaines*. París: L'Harmattan, 2000.

ROMANÍ, Oriol. *Las drogas; sueños y razones*. Barcelona: Ariel, 1999.

SALA, Raymond; TARRIUS, Alain, y BECAT, Joan. *Un millénaire de cosmopolitismes féminins à Perpignan et à ses frontières; des Saintes aux Prostituées*. París: L'Harmattan, 2021.

SCHMOLL, Camille. «Pratiques spatiales transnationales et stratégies de mobilité des commerçantes tunisiennes». *Revue Européenne des Migrations Internationales*, vol. 21, n.º 1, 2005.

SCHNAPPER, Dominique. «De l'État-nation au monde transnational; du sens et de l'utilité du concept de diaspora». *Revue Européenne des Migrations Internationales*, vol. 17, n.º 2, 2001, pp. 9-36.

SCHNAPPER, Dominique. *Juifs et Israélites*. París: Gallimard, 1980.

SEMPERE-SOUVANNAVONG, Juan-David. «El tránsito de argelinos por el puerto de Alicante». *Investigaciones Geográficas*, n.º 24, 2000, pp. 111-130.

SIMON, Gildas. «Migrations, la spatialisation du regard». *Revue Européenne des Migrations Internationales*, vol. 22, n.º 2, 2006.

SIMON, Gildas. *Géodynamique des migrations internationales dans le monde*. París: Presses universitaires de France, 1995.

SIMMEL, Georg. *Philosophie de l'argent*. París: Presses universitaires de France, 2014.

SIMMEL, Georg. *Sociologie et* épistémologie. París: Presses universitaires de France, 1981.

SIMMEL, Georg. *The philosophy of secret and of secret societies*. Libro electrónico publicado en 2018.

SISTACH, Dominique. «L'institution de la prostitution de masse en Catalogne; les voies de la transmigration sexuelle». *Multitudes*, n.º 49, 2012, pp. 89-99.

SISTACH, Dominique. «La transhumance festive Nord/Sud des toxicomanes en Catalogne: à la recherche des normes et des espaces défaits». *Revue Géographique des Pyrénées et du Sud-Ouest*, vol. 28, 2009, pp. 43-53.

SISTACH, Dominique. «Nouvelle frontière de la prostitution dans l'Europe libérale: le cas catalan». *Tempspresents.com*, 1 de octubre de 2010.

SOLANS, Henry. *Essai sur l'économie des Pyrénées-Orientales*. Perpiñán: Le Publicateur, 1993.

SPINOUSA, Nancy. «Le fils de Nanabenz». En PÉRALDI, Michel, y PERRIN, Évelyne. *Réseaux productifs et territoires urbains; cultures urbaines, marchés, entreprises et réseaux*. Toulouse: Plan Urbain-Presses universitaires du Mirail, 1996.

THOEMMES, Jens. *Vers la fin du temps de travail?* París: Presses universitaires de France, 2000.

THOMAS, William I., y ZNANIECKI, Florian. *Le paysan polonais en Europe et en Amérique ; récit de vie d'un migrant*. París: Nathan, 1998 [1919], remarcable prefacio de Pierre Tripier, «Une sociologie pragmatique», pp. 5-30.

VIARD, Jean. *La France dans le monde qui vient; la grande métamorphose*. La Tour d'Aigues: l'Aube, 2013.

WEIL, Patrick. «Racisme et discrimination dans la politique française de l'immigration: 1938-1945/1974-1995». *Vingtième Siècle. Revue d'histoire*, vol. 47, n.º 1, 1995.

Wenger, Etienne; McDermott, Richard, y Snyder, William. *Cultivating communities of practice: a guide to managing knowledge - seven principles for cultivating communities of practice.* Boston (Mass.): Harvard Business Publishing, 2002.

Wieviorka, Michel (dir.). *Une société fragmentée? Le multiculturalisme en débat.* París: La Découverte, 1997.

Wieviorka, Michel. *Neuf leçons de sociologie.* París: Robert Laffont, 2008.

Wihtol de Wenden, Catherine. *La question migratoire au XXIe siècle; migrants, réfugiés et relations internationales.* París: Les Presses de Sciences Po, 2013.

Wihtol de Wenden, Catherine. *Faut-il ouvrir les frontières?* París: Les Presses de Sciences Po, 2014.

Obras y artículos de Alain Tarrius en relación con esta materia

Obras

1989. *Anthropologie du mouvement.* Orléans: Paradigme.

1992. *Les fourmis d'Europe; migrants riches, migrants pauvres et nouvelles villes internationales.* París: L'Harmattan.

1995. Con Lamia Missaoui. *Arabes de France dans l'économie mondiale souterraine.* La Tour d'Aigues: l'Aube.

1999. Con Lamia Missaoui. *Les nouveaux cosmopolitismes; mobilités, identités, territoires.* La Tour d'Aigues: l'Aube.

2002. *La mondialisation par le bas; les nouveaux nomades de l'économie souterraine.* París: Balland (trad. cast.: *La mundialización por abajo: El capitalismo nómada en el arco mediterráneo,* Barcelona, Hacer, 2007).

2007. Con Lamia Missaoui. *La remontée des Sud; Afghans et Marocains en Europe méridionale.* La Tour d'Aigues: l'Aube.

2013. Con Fatima Qacha y Lamia Missaoui. *Transmigrants et nouveaux étrangers; hospitalités croisées entre jeunes des quartiers enclavés et nouveaux migrants internationaux.* Toulouse: Presses universitaires du Midi.

2014. Con Olivier Bernet. *Mondialisation criminelle: la frontière franco-espagnole de La Junquera à Perpignan. Rapport de recherche.* Saint-Denis: Édilivre.

2015. *La mondialisation criminelle.* La Tour d'Aigues: l'Aube.

2015. *Étrangers de passage; poor to poor, peer to peer.* La Tour d'Aigues: l'Aube.

2018. «Les routes européennes des nouvelles migrations: des mobilisations internationales aux mobilités transnationales». En Boucheron, Patrick (dir.). *Migrations, réfugiés, exil.* París: Odile Jacob, pp. 217-238.

Artículos

1987. Con Geneviève Marotel. «Tunis et sa région; dynamique territoriale et mobilités dans la grande périphérie de Tunis». *Rapport INRETS*, n.º 32, marzo 1987.

1987. «L'entrée dans la ville: migrations maghrébines et recompositions des tissus urbains à Tunis et à Marseille». *Revue Européenne des Migrations Internationales*, vol. 3, n.ºs 1-2, pp. 131-148.

1993. «Territoires circulatoires et espaces urbains: différenciation des groupes migrants». *Les Annales de la Recherche Urbaine*, n.º 59-60, pp. 51-60.

2000. Con Lamia Missaoui, David Sempere, y Oriol Romaní. «Apparition des comptoirs, et des réseaux souterrains marchands, marocains le long du Levant Ibérique», *Rapport de recherche DG12 Europe* (5e PCRD).

2000. «Leer, describir, interpretar las circulaciones migratorias; conveniencia de la noción de territorio circulatorio. Los nuevos hábitos de la identidad». *Relaciones. Estudios de historia y sociedad*, vol. 21, n.º 83, pp. 21-83.

2001. «Au-delà des États-nations: des sociétés de migrants». *Revue Européenne des Migration Internationales,* vol. 17, n.º 2, pp. 37-61.

2010. «Pobres en migración, globalización de las economías y debilitamiento de los modelos integradores: el transnacionalismo migratorio en Europa meridional». *Empiria. Revista de Metodología de Ciencias Sociales*, n.º 19, pp. 133-156.

PUBLICACIONES SOBRE INMIGRACIÓN Y TRATA

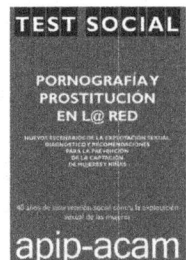

FUNDACIÓ

apip-acam

Servei de Publicacions

Para más información sobre nuestros libros y los puntos de venta, podéis dirigiros a https://fundacioapipacam.org/files/Cataleg-editorial-2022_V10.pdf o enviar un e-mail a hacer@fundacioapipacam.org.
Podéis encontrar nuestras publicaciones en las librerías y en las siguientes distribuidoras y plataformas:

Midac Llibres
Cataluña y Baleares
c/ Raimon Casellas, 5-7
08205 Sabadell
Tel: 937 464 110
pedidos@midacllibres.es

Distrifer Libros, S.L.
Madrid y Castilla-La Mancha
Valle de tobalina, 32, naves 5-6
28021 Madrid
Tel: 917 962 709
distrifer@distriferlibros.es

Azeta
Andalucía y Extremadura
Calle San Juan, s/n,
18100 Armilla, Granada
Tel: 902 131 014
info@azeta.es

Alebrije, s.c.p
América Latina
Calle Gòsol, 39,
08017 Barcelona, Cataluña
Tel: 932 800 677
novedades@alebrijelibros.es

Plataforma Cairn Mundo
Contenido digital
https://www.cairn-mundo.info/

Cimadevilla
Astúrias, Cantabria,
Castilla y León,
Extremadura y Galicia
Polígono Industrial Roces 3,
Calle Arquímedes, 172,
33211, Gijón
Tel: 985 307 043
pedidos@discimadevilla.com

Plataforma DILVE
https://web.dilve.es/

Gremi d'Editors
de Catalunya
https://www.gremieditors.cat/
editorial/nom/editorial-hacer/

Plataforma Amazon
https://www.amazon.es/libros/s?k=libros